Sammlung Luchterhand 939

Über das Buch: Wie bringt man Ministerpräsidenten auf Kurs? Warum fallen standhafte Bürgermeister um? Wie setzt man gegen den Widerstand der Bevölkerung die Stationierung von Militärhubschraubern durch? Wie kämpft man mit geheimdienstlichen Methoden gegen den Sympathieverlust der Militärs an?
Oftmals agieren unsere »amerikanischen Freunde«, die US-Streitkräfte in der Bundesrepublik, an der Grenze der Legalität, wenn es um die Durchsetzung ihrer militärischen Interessen geht. Was in der Öffentlichkeit gern als schützende Partnerschaft dargestellt wird, erweist sich in der Praxis oft als Besatzungsgebaren. Bisher geheimgehaltene Dokumente belegen die Eingriffe der US-Streitkräfte in die Politik von Bund, Ländern und Gemeinden und die Verwicklung von deutschen Politikern in illegale US-Militäraktivitäten. Kritisch wird Bilanz der 45jährigen US-Präsenz in der Bundesrepublik gezogen.
Heidemarie Wieczorek-Zeul, Mitglied im SPD-Bundesvorstand, kommt in ihrem Vorwort zu dem Schluß: »Mit dem Abbau militärischer Kapazitäten muß der Abbau militärischer Geheimdiplomatie, die in diesem Buch erstmals systematisch betrachtet wird, einhergehen.«

Über die Autoren: Jo Angerer ist Journalist und Spezialist für sicherheitspolitische Fragen. Erich Schmidt-Eenboom leitet das Starnberger Forschungsinstitut für Friedenspolitik. Sabine Lauxen ist dort wissenschaftliche Mitarbeiterin.

»Amerikanische Freunde«

Die Politik der US-Streitkräfte in der Bundesrepublik

Von Jo Angerer, Sabine Lauxen,
Erich Schmidt-Eenbom
Mit einem Vorwort von
Heidemarie Wieczorek-Zeul

Luchterhand
Literaturverlag

Die Autoren danken dem SPD-Unterbezirk Hessen-Süd für die Förderung der Arbeit an diesem Buch.

Originalausgabe
Sammlung Luchterhand, Oktober 1990
Lektorat: Wieland Eschenhagen
Luchterhand Literaturverlag GmbH, Frankfurt/Main. Umschlagentwurf: Max Bartholl. Satz: Uhl + Massopust, Aalen. Druck: Wagner, Nördlingen. Printed in Germany.
ISBN 3-630-61939-8

1 2 3 4 5 6 95 94 93 92 91 90

Inhalt

Vorwort
von Heidemarie Wieczorek-Zeul

Die Oberbürgermeister der fränkischen Garnisonen Aschaffenburg, Bad Kissingen, Kitzingen, Schweinfurt und Würzburg hielten Ende Juli 1990 Heerschau: Nur vorübergehend würde ein Teilabzug US-amerikanischer Streitkräfte aus ihren Städten durch den Wegfall von Nachfrage und den Verlust an Arbeitsplätzen von Zivilbeschäftigten Probleme schaffen. Letztlich – befanden sie – würde die Abrüstung einen Entwicklungsschub auslösen. In Kitzingen, illustrierte Oberbürgermeister Rudolf Schardt, gebe es 400 Wohnungssuchende und 1800 von US-Soldaten belegte Wohnungen.

Die Begehrlichkeiten nach dem Grundvermögen der US-Streitkräfte in den süddeutschen Garnisonsstädten wachsen. Seit bei den Abrüstungsverhandlungen in Wien nach dem faktischen Zerfall des Warschauer Vertrages ein Silberstreif am Horizont schimmert, ist die Forderung an die Amerikaner, diese oder jene Kaserne frei zu machen, keine verpönte »Ami-go-home-Haltung« mehr, sondern Lokalpatriotismus. Selbst der CSU-Oberbürgermeister von Neu-Ulm reklamierte gleich nach Abschluß des INF-Vertrages zum Abbau landgestützter Atomraketen die Pershing-Kasernen für seine Stadtentwicklungsplanung.

Der Strom von über 800 000 Zuwanderern und DDR-Übersiedlern in den letzten drei Jahren hat gerade in Ballungszentren wie dem Rhein-Main-Gebiet Wohnungsnot ausgelöst. Die Vorbereitung auf den EG-Binnenmarkt verlangt nach neuen Gewerbeflächen. Verfügbar sind in den Kernstadtbereichen aber nur Militärflächen, einst am Stadtrand gebaute Kasernen von kaiserlichem Heer oder Hitler-Wehrmacht, die durch das Ausufern der Städte heute zentral liegen. »Wir brauchen jeden Quadratmeter«, betont der Bürgermeister der Industriestadt Schweinfurt, Kurt Petzold, bei der Debatte um den US-Truppenabzug.

Der Oberbürgermeister von Mannheim hat bereits alle Militärgelände in seiner Stadt zivil überplanen lassen, und in Wiesbaden führt ein Ideenwettbewerb eines Wochenblatts zur Umnutzung der US-Air Base zu über einhundert Vorschlägen: Nostalgiker wollen die dort in den goldenen zwanziger Jahren ansässige Pferderennbahn wiederbeleben, Motorsportler fordern ein Motodrom ein, während die Jungsozialisten auf der über 250 Hektar großen Fläche einen Natur- und Konzertpark wachsen sehen wollen.

Während sich in Frankfurt Oberbürgermeister Volker Hauff und Ministerpräsident Walter Wallmann fast wöchentlich mit Freigabeforderungen an die US-Streitkräfte überbieten, senden die heimischen Banker andere Signale. Andreas Insam von der Bank in Liechtenstein rechnet im Juli 1990 nur mit einer minimalen und zudem stark verzögerten Entlastung des inländischen Wohnungsmarktes durch die US-Truppenreduzierung. Bundesweit rechnet er für 1993 mit ca. 5000 und 1994 mit 7000 Wohnungen – bei einem Fehlbedarf von bundesweit 600 000 Wohnungen in Westdeutschland ein Tropfen auf den heißen Stein. 10 200 US-Soldaten können wegen des Wohnungsmangels ihre Familien nicht in die Bundesrepublik bringen, 32 300 Soldatenfamilien mieten auf dem freien Markt. Im Government Rental Housing Program mieten die US-Streitkräfte derzeit 4700 Wohnungen. Bis 1994 sollen es 18 500 sein.[1]

Eine Entlastung des zivilen Wohnungsmarktes über das gesamte Gebiet der US-Stationierungsräume wäre dann nicht zu erwarten, wenn es nach den Plänen der Amerikaner geht. Nur eine Änderung der politischen Vorgaben – z. B. Verpachtung statt kostenloser Überlassung von Liegenschaften an ausländische Streitkräfte – im Rahmen der notwendigen Neugestaltung des Aufenthaltsrechts für ausländische Streitkräfte könnte diese Entwicklung zugunsten des zivilen Bereichs korrigieren.

Aus allen Wolken fielen die Menschen in Karlsruhe im Juli 1990, als sie erfuhren, daß neben der lange erwarteten Reduzierung US-amerikanischer Pioniereinheiten in den Kasernen der Stadt auch eine Neustationierung droht. Ausgerechnet die

Sonderkampfeinheiten »Special Forces« will das US-Heereshauptquartier in Heidelberg aus dem bayerischen Bad Tölz in die badische Metropole verlegen. Diese Streitkräfte zählen zudem zu den nicht der NATO im Kriegsfall assignierten US-Verbänden, deren völkerrechtliche Stationierungsgrundlage nach Abschluß der 2+4-Gespräche und dem Erlöschen des Deutschlandvertrages ohnehin äußerst fragwürdig ist.

Dämpfend wirkten auch die Friedensforscher der Hessischen Stiftung für Friedens- und Konfliktforschung im August 1990 auf die Hoffnungen in der Rhein-Main-Metropole zum baldigen Exodus US-amerikanischer Militärverbände und -dienststellen ein. Gerade das von Walter Wallmann immer wieder für eine Europäische Bundesbank reklamierte IG-Farben-Haus im Herzen Frankfurts steht aus der Sicht der US-Streitkräfte nicht einmal mittelfristig zur Disposition.

Überall brennt im Sommer 1990 die Frage, in welchem Umfang und in welcher Struktur US-Streitkräfte am Ende des begonnenen Abrüstungsjahrzehnts noch in Westdeutschland stehen. In ersten veröffentlichen Überlegungen in der US-Fachliteratur zeichnen sich folgende Schwerpunkte der Truppenreduzierung ab, wenn es nach den US-Interessen geht:

Die Air Force wird in deutlich geringerem Umfang abgezogen als die Army. Die derzeit 35 Kampfgeschwader der Air Force werden letztlich bis 1996 auf 30 abgerüstet. Davon sind sowohl die aktiven Luftwaffenkräfte wie die Air National Guard betroffen.[2] Maximal zwei Geschwader in Europa könnten in die USA zurückverlegt werden und von den 40 000 US-Luftwaffensoldaten in Westdeutschland somit nur ein relativ kleiner Teil.

Für die Army zeichnen sich schwerwiegende Eingriffe ab, die sie letztlich auf ein modernes 100 000-Mann-Heer in der Bundesrepublik halbieren.[3]

Beim V. Corps wird die Infanteriedivision (8. Infantry Division Bad Kreuznach), beim VII. Corps die Panzerdivision (1. Armoured Division Ansbach) und die für das III. Corps vorausstationierte Teildivision (2. Armoured Division Garlstedt) aufgelöst. Damit blieben in der Bundesrepublik die 3. Armoured

Division Frankfurt, die 3. Infantry Division Würzburg und, als Teildivision, die 1. Infantry Division Göppingen.

Die verbleibenden zweieinhalb Divisionen und die verminderten Kampfunterstützungstruppen können von einem Corpsstab geführt werden. Daher wird – soweit absehbar – der Stab des VII. US-Corps in Stuttgart aufgelöst. Das VII. Corps wird nach den Vorstellungen des Oberbefehlshabers der US-Streitkräfte in Europa jedoch nicht geschlossen abgezogen. Er strebt vielmehr eine neue Mischung der Verbände an. Übungseinrichtungen für die verbleibenden Verbände und Einrichtungen, deren Aufbau sehr kostspielig war, sollen erhalten werden. Tendenziell werden dabei Verbände und Einheiten aus Ballungsgebieten abgezogen und in dünner besiedelten Regionen erhalten.[4]

Der Abzug von zwei der vier Artilleriebrigaden der Corps ist wahrscheinlich, und zur Mitte der neunziger Jahre dürften die nuklearfähigen LANCE-Verbände ebenfalls aufgelöst werden.[5] Selbst auf dem Feld der ehrgeizigsten Rüstungsprojekte muß die Army-Planung von einst politische Eingriffe hinnehmen: Ursprünglich hatte USAREUR 14 neue Kampfhubschrauberbataillone AH-64 APACHE mit je 34 Hubschraubern in der Bundesrepublik stationieren wollen: drei Bataillone für jedes der beiden Corps in Wiesbaden-Erbenheim und im bayerischen Illesheim und je zwei Bataillone für die vier vollpräsenten Divisionen in Mainz-Finthen, Hanau-Erlensee, Giebelstadt und Katterbach.

Nachrichtendienstliche Einheiten und Einrichtungen werden wegen des Wegfalls des Aufklärungsbedarfs im ehemaligen westlichen Vorfeld der Sowjetunion schon kurz- und mittelfristig vermindert, wie die Grenzüberwachungstürme in Hessen, und teilweise aufgelöst, wie die spionagetechnische Großanlage im bayerischen Gablingen.

Bei den US-Streitkräften sind bereits die unterschiedlichsten Abzugsszenarien für einen gestaffelten Rückbau der Truppenpräsenz untersucht worden. Für zahlreiche Standorte liegen – nach Auskunft des stellvertretenden Kommandeurs der US-Luftstreitkräfte in Europa, General Clifford H. Rees – inzwischen detaillierte Schließungs- oder Umnutzungsstudien vor, die jedoch zur Vermeidung von Unruhe in den Garnisonsgemeinden und unter den Zivilbeschäftigten geheimgehalten werden.[6]

Im Herbst 1990 wollen die US-Streitkräfte eine Schließungsliste mit 70 bis 80 zu schließenden Einrichtungen in der Bundesrepublik öffentlich machen.[7] Insgesamt unterhalten die US-Streitkräfte in der Bundesrepublik aber fast 900 militärische Liegenschaften.

Eine zunächst 20prozentige Verminderung der Truppenstärke bedeutet keineswegs auch die Freigabe von 20 Prozent der Liegenschaften, bzw. auf lange Sicht macht eine Halbierung der US-Heereskräfte keine Halbierung des Flächenbedarfs, wenn es nach dem Willen der US-Streitkräfte geht. Vielmehr werden sie versuchen, für ihr verbleibendes 100 000-Mann-Heer eine großzügige Infrastruktur zu erhalten. Zumal unter den politischen Gegebenheiten im vereinten Deutschland eine Akquisition neuer Flächen fast unmöglich ist.

Die Prinzipien, nach denen der Umrüstungs- und Umbauprozeß der US-Streitkräfte in Europa gestaltet werden soll, hat der Oberbefehlshaber der US-Streitkräfte in Europa, General Galvin, am 28. Februar 1990 vor einem Unterausschuß des US-Repräsentantenhauses dargelegt. Sie lauten[8]:

- Optimierung der Kampfkraft
- Unterstützung der Strategie
  Vorneverteidigung
  »Flexible response«
- Minimierung der schädlichen Auswirkungen auf die Menschen in den Streitkräften
- Balance der Reduzierung zwischen Stationierungsregionen und militärischem Auftrag
- Einsparung oder Reduzierung zukünftiger Liegenschaftskosten
- Bewahrung der Möglichkeiten zur Ausbildung
- Minimierung der Fahrzeugbewegungen zwischen Standorten

– Bewahrung der Modernisierungsanstrengungen
– Erhaltung oder Verbesserung der Verstärkungskapazitäten
– Vermeidung »leerer« Truppenteile«, d.h. nicht voll gefechtsbereiter Verbände.

Soviel Kriegsbereitschaft als Leitlinien der Streitkräftepolitik für die neunziger Jahre halten selbst die konservativen Befürworter US-amerikanischer Truppenpräsenz kaum für möglich. Ihre Wahrnehmung ist auf ein friedliches Europa von Lissabon bis Wladiwostok gerichtet, und so gehen sie auch bei den NATO-Streitkräften von nur noch politisch begründeten Präsenzstärken ohne Kriegsführungsoptionen aus.

Ein weiteres Kriterium für die Entscheidungen, Standorte aufzugeben oder auszubauen, haben die Sprecher von Army und Air Force wiederholt geltend gemacht: »Wir bleiben dort am längsten, wo wir politisch auch willkommen sind.«

Bundesweit kann man darüber streiten, ob die Menschen, die die demokratische Revolution in Osteuropa gestaltet haben, ob die Überzeugungsarbeit der westdeutschen Friedensbewegung oder ob schlicht die Sparzwänge der Etatminister der NATO-Staaten einen größeren Anteil am Abrüstungsprozeß haben. Regional ist erwiesen, daß – wie bei der jetzt deutlich werdenden Nullösung an Fluggeräten der US-Streitkräfte für Wiesbaden-Erbenheim statt 181 Hubschrauber und Aufklärungsflugzeugen – der ausdauernde Widerstand der Bürgerinnen und Bürger für die Räumung von Militärgeländen maßgeblich war.

Wenn in der »Information für die Truppe« der Bundeswehr im Februar 1990 mit dem Abzug der sowjetischen Truppen aus der ČSFR die Frage aufgeworfen wird: »Räumt Moskau sein böhmisches Glacis?«, formulieren bisher nur wenige die Gegenfrage: Räumt Washington sein hessisches? Eine Vorreiterrolle hat in dieser Diskussion die SPD in Südhessen mit ihrem Programm »Frieden 2000« gespielt, das den Abzug der US-Streitkräfte bis auf ein symbolisches Kontingent fordert. Meine feste Überzeugung ist: Das Ende der Nachkriegszeit und der Aufspaltung Europas muß auch das Ende der Präsenz ausländischer Truppen auf deutschem Boden, d.h. auch auf dem Boden der Bundesrepublik, sein.

Selbst für eine Übergangszeit des Rückbaus ausländischer Truppenteile im geeinten Deutschland muß eine neue Geschäftsgrundlage für den Friedensbetrieb dieser Streitkräfte geschaffen werden, da das geltende NATO-Truppenstatut und sein Zusatzabkommen unter den Bedingungen von Besatzungsrecht verhandelt wurden und deutliche Spuren der Unterordnung ziviler Interessen unter die Anforderungen der Alliierten aufweist. Die ökologischen, ökonomischen und sozialen Lasten aus der Fremdstationierung müssen gerade beim langjährigen Abrüstungsprozeß partnerschaftlich im Bündnis geregelt werden.

Den (politischen) Aktivitäten der in der BRD stationierten ausländischen Truppen sind eigentlich zur Wahrung der Souveränität des Aufnahmestaates enge Grenzen gesetzt. Der Geist der geltenden Verträge wird von Juristen wohl überwiegend in Richtung auf eine strikte Nichteinmischung ausgelegt.

Dagegen allerdings steht die Praxis insbesondere der amerikanischen Truppen, ihren »Verteidigungsauftrag« umzudeuten in einen Kampfauftrag zur Durchsetzung ihrer Interessen, anstatt sie im Verkehr mit den deutschen Behörden und der deutschen Justiz zu regeln. Solchermaßen können sie sich allerdings nur so weit durchsetzen, wie sie vom Einspruch deutscher Stellen weitgehend unbehelligt bleiben.

Die eigentlichen Verantwortlichen für das ungehemmte Vorgehen der amerikanischen Truppen sind also in den vorgesetzten deutschen Behörden und Ministerien zu suchen, die »unsere amerikanischen Freunde« im vorauseilenden Gehorsam oft nach Belieben schalten und walten lassen.

Wer aber eine Vertragspartnerschaft, wie sie aufgrund der rechtlichen Situation gegeben ist, immer noch mit der Mentalität des Besetzten praktiziert, braucht sich nicht zu wundern, wenn der Vertragspartner wie ein Besatzer auftritt.

Die Strategien und Verfahren der US-Streitkräfte im Umgang mit ihren deutschen Freunden und Feinden sind mehr als nur ein Stück Zeitgeschichte, das in der kommenden Ära der Verminderung der US-Militärpräsenz in der Bundesrepublik auf ein modernes 100 000-Mann-Heer und eine kaum reduzierte Air Force zur Vergangenheit zählt. Daß aus den Trümmerfeldern des kalten Krieges in Westdeutschland um militärische Einflußgebiete, Rechte und Liegenschaften zukünftig blühende Oasen gemeinsamer Entmilitarisierung werden, ist eine Utopie, die nur schrittweise und annähernd zu erreichen sein wird. Als Kern dieser Utopie gilt: In einer europäischen Friedensordnung, in der die Sowjetunion alle militärischen Verbände auf ihr eigenes Territorium zurückgezogen hat, ist eine britische Rheinarmee politisch so wenig erforderlich und nützlich wie eine Themsearmee der Bundeswehr.

Mit dem Umbau der US-Truppenpräsenz in der Bundesrepublik kommt Bewegung in die Stationierungslandschaft. Kleinere Liegenschaften werden geschlossen, größere in der Regel beibehalten oder sogar als Ersatzstandorte ausgebaut. Die Mechanismen, mit denen die US-Streitkräfte und ihre Verbindungsorgane dabei arbeiten, werden dieselben sein, wie in den Zeiten, als es um die infrastrukturelle Umsetzung der Rundumerneuerung der Army seit 1982 ging. Insofern wird auf den Konfliktherden zwischen militärischen und zivilen Interessen bei der Abrüstung nach denselben Rezepten gekocht.

Bei der anstehenden Entmilitarisierung Europas müssen die betroffenen Regionen mitreden und wesentlichen Einfluß auf ihre Rezivilisierung nehmen können. Dazu sind »runde Tische« erforderlich, an denen Militärpolitiker, Streitkräfte und die politischen Repräsentant/innen bis hinunter zur Dorfebene beteiligt sind.

Mit dem Abbau militärischer Kapazitäten muß der Abbau militärischer Geheimdiplomatie, die in diesem Buch erstmals systematisch betrachtet wird, einhergehen. Der Wert dieser Untersuchung des Machtkartells von Militär, Politik und Bürokratie liegt auch darin, daß die zivile Seite in den Abrüstungsdialog nunmehr in Kenntnis der Verflechtungen und Verfahren, der Manöver und Methoden der verschworenen Männergemeinschaft aus Militärs und Militaristen geht. Das eigentliche Souveränitätdsdefizit des ehemaligen NATO-Frontstaates Bundesrepublik – der vorauseilende Gehorsam gegenüber den Streitkräfteinteressen der NATO-Hegemonialmacht USA –, dieser Amerikanismus wird durch demokratische Transparenz ein Stück weit entmachtet.

Den vollständigen Abzug aller ausländischen Streitkräfte, d. h. auch der US-amerikanischen, zu fordern, ist deshalb nicht Antiamerikanismus. Wer die israelische Luftwaffe nicht um die Stationierung von Kampfflugzeugen und lärmintensiven Tiefflug in Deutschland bittet, ist kein Antisemit und wer nicht einige polnische Divisionen einlädt, in Garnisonsräumen Deutschlands manöverweise das Land zu verwüsten, der verweigert dem polnischen Volk weder Freundschaft noch Kooperation. Das Verhältnis der Vereinigten Staaten von Europa zu den Vereinigten Staaten von Amerika muß anders als über Militär begründet und gepflegt werden.

Anmerkungen

1 Vgl. Steve Vogel: Europe: No relief in sight. In: Army Times vom 14. Mai 1990.

2 So: James Blackwell: The Future of U.S. Land-Based Forces in Europe. In: Military Technology, 4/1990, S. 40 f.; Jim Tice: Germany feels chill from construction freeze. In: Army Times vom 14. Mai 1990, S. 8.

3 Einflußreiche Senatoren und der ehemalige Verteidigungsminister Harold Brown halten für die zweite Hälfte der neunziger Jahre sogar eine Verminderung der US-Streitkräfte in Europa auf 70 000 bis 80 000 Soldaten für mit den Sicherheitsinteressen der Vereinigten Staaten vereinbar; vgl. FAZ vom 3. April 1990: Vorschlag für drastische Truppenreduzierung.

4 Vgl. FAZ vom 5. Juli 1990: Galvin stellt sich auf eine umfassende Änderung der NATO-Strategie ein.

5 Vgl. SZ vom 20. April 1990: USA verzichten vorläufig auf Lance-Nachfolger.

6 Vgl. Trierer Nachrichten vom 10. Juni 1990: General Rees: Abzugspläne der USA liegen bisher noch in den Schubladen.

7 Vgl. Wertheimer Zeitung vom 5. Juli 1990: Teilabzug von US-Streitkräften.

8 Vgl. U.S. Government Printing Office (Hrsg.): Hearings before a Sub-

committee on military constructions, House of Representatives – Committee on Appropriations, Testimony General Galvin, 28. Februar 1990, Washington D.C. 1990.

Einleitung

Während Pragmatiker aller Parteien sich, befreit vom Geruch des Antiamerikanismus, auf den erhofften Nachlaß der US-Streitkräfte stürzen, zeigen große Teile der Linken als Gegenreaktion zum Wiedervereinigungstaumel eher atlantische Orientierungen: Sie verweigern eine kritische Aufarbeitung der US-Besatzungspolitik in der Bundesrepublik parallel zu der begonnenen Revision der Nachkriegspolitik in der DDR.

So, als habe die Linke unausgesprochen eingewilligt in den staatstragenden Konsens über die Tabuisierung US-amerikanischer Politik in Europa, ist sie auch jetzt nicht bereit, der vereinten Expansion nach Osten Paroli zu bieten. Sie benennt die Kräfte nicht, die seit 1917 kein anderes Ziel kannten, als eben diese »Wiedergewinnung« des östlichen Europas. Die Blindheit gegenüber den Interessen der USA im eigenen Hause zeigt, daß bestimmte Denkverbote uneingestanden mit übernommen wurden. Eine Aneignung der eigenen Geschichte hat auch im antifaschistischen Lager immer unter Ausblendung dieses Gesichtspunktes stattgefunden. Eine systematische Ortsbestimmung, basierend auf der Analyse der Interessenkongruenz »staatstragender« Eliten vor, während und nach dem Nationalsozialismus, hat bislang nicht stattgefunden. Nur so ist es erklärbar, daß rechtsradikale Kreise »Antiamerikanismus« unwidersprochen für sich reklamieren konnten. Die augenblickliche Orientierungslosigkeit der Friedensbewegung in der Bundesrepublik, ihre Unfähigkeit auf die »Ost-Expansion« des Westens angemessen zu reagieren, läßt sich nur mit den blinden Flecken des eigenen Geschichtsbewußtseins erklären.

Nach wie vor gilt als Konstitutente der US-amerikanischen Politik, was D. F. Fleming in seinem Standardwerk über den Kalten Krieg schreibt: »Die Etablierung des Kommunismus in dem riesigen Herzen von Eurasien, der größten Insel der Welt, ist das überragende politische Faktum des Zwanzigsten Jahrhunderts. Es ist eine Entwicklung, die so folgenschwer und alarmierend ist, daß sie, seit sie ihren Anfang im November

1917 nahm, die westliche Welt in einem Zustand von Besorgnis und Feindseligkeit hielt.«[1]

Sahen die Führungszentren des kapitalistischen Westens vor und während des Aufstiegs des Nationalsozialismus keine Veranlassung, ihre Politik zu revidieren, so wurden sie erst recht nach 1945 zu Garanten der westdeutschen Restauration.

»Zwei Aspekte der US-Politik gegenüber Deutschland wurden von den Historikern bislang vernachlässigt; zum einen die Art, wie die Finanzeliten des Westens intervenierten, um das Ansehen ihrer ehemaligen deutschen Geschäftspartner reinzuwaschen und Ermittlungen über die Aktivitäten deutscher Unternehmer während der Nazizeit abzublocken, zum zweiten die Taktik, die die ›appeasement‹-Fraktion anwandte, um für ihr Programm (der Restauration) öffentliche Unterstützung zu gewinnen.«[2]

Nach dem Tode Roosevelts im Frühjahr 1945 erfolgte ziemlich rasch eine Umorientierung der US-amerikanischen Politik. Was zuvor nur in rechten republikanischen Kreisen ausgesprochen wurde, daß nämlich der eigentliche Feind die Sowjetunion sei, und die Auseinandersetzung mit ihr geführt werden müsse, wenn Deutschland besiegt sei, wurde nun unter Präsident Harry S. Truman Regierungspolitik. Respektierte Roosevelt in den Verhandlungen während des Krieges noch die Sicherheitsinteressen der Sowjetunion, so stellte sich spätestens seit 1947 die Lage aus Sicht der USA völlig anders dar.

Einer »ideologischen Umrüstung« der US-amerikanischen Politik folgte alsbald die wirtschaftliche Offensive, um den vormaligen Bündnispartner gegen den Faschismus in die Enge zu treiben. Bereits im November 1945 forderte der republikanische Senator Burton K. Wheeler öffentlich: »Wir müssen aufhören, Rußland zu beschwichtigen, und es ein für allemal wissen lassen, daß wir nicht gekämpft haben, um es die Völker Europas versklaven zu lassen.«[3]

Damit war die Richtung vorgegeben. Versuche der liberalen Fraktion aus der Roosevelt-Administration, zumindest die nationalsozialistischen Führungseliten in Deutschland zu entmachten, scheiterte an der Interessenspolitik des militärischindustriellen Komplexes, der in der Zwischenzeit wesentlichen Einfluß auf die US-amerikanische Politik gewonnen hatte. »Trotz Morgenthaus manchmal erbitterter deutscher Rhetorik war der Morgenthau-Plan in vielerlei Hinsicht zumindest für die damalige Zeit relativ moderat und bewegte sich eindeutig im Rahmen einer privatwirtschaftlich orientierten Ökonomie. Von der ›appeasement‹-Fraktion unterschied er sich im wesentlichen durch sein Beharren auf der Aufteilung der mächtigsten Zentren des deutschen Monopolkapitals in kleinere Einheiten, und durch seine Überzeugung, daß die Elite, die Hitler gefördert und am meisten von den Verbrechen der Nazis profitiert hatte, aus allen Machtpositionen des deutschen Nachkriegsstaates und der Privatwirtschaft entfernt werden müßte.«[4]

Mit großem propagandistischen Aufwand wurde das »European Recovery Program« der US-amerikanischen Öffentlichkeit als eine Maßnahme zur Schaffung von Arbeitsplätzen verkauft. Im bundesrepublikanischen Bewußtsein hat es bis heute seinen unangefochtenen Platz als nationales Rettungsprogramm. Daß mit der Festschreibung der Machtposition der alten Wirtschaftseliten auch der Rahmen politischer Handlungsspielräume festgesteckt wurde, ist die zwangsläufige Folge einer nachvollziehbaren Interessenslage.

Der Marshall-Plan bewirkte – ähnlich wie die US-amerikanischen Kredite für Deutschland in den zwanziger Jahren – einen wirtschaftlichen Aufschwung, der Westeuropa zur Übernahme von Rüstungslasten befähigte, die USA vor einer erneuten Depression bewahrte und ihr den Erwerb großer europäischer Werte ermöglichte: Ihre Auslandsinvestitionen sollten sich in den nächsten zwanzig Jahren versiebenfachen.[5]

Diese Besitzstände und Optionen galt es zu sichern. Von Beginn an wurden Sozialisierungstendenzen in der westlichen Bizone verhindert. Der Artikel 41 der Hessischen Verfassung zur Enteignung von Bergbau-, Eisen- und Stahlindustrie, Energiewirtschaft und Schienenverkehr sowie der Staatsaufsicht für Großbanken, Versicherungen und einer Bodenreform für Großgrundbesitz wurde trotz eines Mehrheitsvotums der Bevölkerung durch eine Verfügung der Besatzungsmacht verhindert. Unter diesen Voraussetzungen war eine fundamentale demokratische Neuformierung der westdeutschen Gesellschaft nicht möglich. Sie blieb auch aus, als es bereits deutliche Risse in dem festgefügten Gebäude der westlichen »Wertegemeinschaft« gab. Die Nachkriegsgeneration demonstrierte gegen das US-Engagement in Vietnam, Kontinuitäten der deutschen Geschichte wurden thematisiert.

Der Blick auf die US-amerikanische Interessenlage, auf ihre Rolle als »Weltpolizist« und das damit wirksam werdende Instrumentarium ihrer gigantischen Militärmaschine wurde klarer, der Blick auf ihre Politik in der Bundesrepublik blieb bis auf wenige Ausnahmen weiterhin getrübt. Der Machterhaltungsimpuls der westdeutschen Partner schloß auch eine Diskussion über den deutschen Nationalismus aus. Das heißt nicht, daß es in den Machteliten keinen Nationalismus gegeben hätte.

Auf der Suche nach einer »deutschen Identität« befand man sich allerdings in einer ständigen Legitimationskrise, die nur durch eine »Umdeutung« der deutschen Vergangenheit, einer Denunziation des Antifaschismus unter dem Vorzeichen der Systemkonkurrenz mit der DDR und des »Offenhaltens der deutschen Frage« gegen eine »Reduktion des Nationalbewußtseins der Westdeutschen auf die Bundesrepublik« (Andreas Hillgruber) verteidigt werden konnte.[6]

Nationalismus wird genau in dem geschichtlichen Augenblick virulent, wo es für die Expansion des Kapitalismus nach Osten im Rahmen der »Wiedervereinigung« opportun erscheint.

Eine Friedensbewegung, der es in den letzten Jahren nicht gelang, ein politisches Handlungskonzept aufgrund von geschichtlichen Analysen zu entwerfen, reagiert auf die neue Konstellation »Gesamtdeutschland« hilflos. Einerseits werden die tatsächlichen Entwicklungen ignoriert, andererseits propagiert man reduktionistische Formeln von einer Entmilitarisierung Gesamtdeutschlands. Sie ersetzen genausowenig eine Standortbestimmung wie die Fundamentalopposition gegen die Übernahme der DDR, die längst unaufhaltsam geworden ist.

Inzwischen ist es auf der Rechten modern geworden, nationalistisch durchaus mit antiamerikanischen Tendenzen zu sein. Es ist allerdings immer noch nicht modern geworden, Widerstand gegen Expansionisten jedwelcher Couleur und Nationalität zu leisten. Will die Friedensbewegung nicht die Fehler und Irrtümer der vergangenen Jahrzehnte wiederholen, wird sie den neuen Konsens aufkündigen müssen, der da lautet: »Der Kalte Krieg ist vorbei.« Noch sind seine Entstehungsbedingungen in den Augen der »Ostlandreiter« nicht revidiert, und Deutschland erscheint ihnen nach wie vor als »Bollwerk gegen Osten«.

Schon mit ihrer Gründung im Tauschgeschäft von Wirtschaftswunder gegen Wiederbewaffnung gewann die Bundesrepublik zugleich ihre Funktion als Frontstaat der NATO und Juniorpartner der NATO-Hegemonialmacht USA. Nirgendwo wird diese Sonderrolle der Bundesrepublik deutlicher als bei den Verhandlungen mit allen NATO-Partnern über Unterstützungsleistungen für US-Verstärkungskräfte im jeweiligen Aufnahmeland – dem Wartime Host Nation Support (WHNS). Im USAREUR-Bulletin vom September 1985 zum Stand der WHNS-Verhandlungen ist drei Jahre, nachdem die Bundesrepublik und die Vereinigten Staaten im April 1982 ein Regierungsabkommen zum WHNS abgeschlossen hatten, festgehalten, daß die NATO-Partner in den Benelux-Staaten und Skandinavien, aber auch Italien und die Türkei die ersten technischen Übereinkommen unterzeichnet haben oder gerade verhandeln. Während die Bundesrepublik neben den größten militärischen Unterstützungsleistungen auch ein breites Spektrum ziviler Hilfestellung gewährt, beschränken sich die anderen NATO-Partner auf kleinere und nur militärische Hilfe. Mit Spanien, Portugal und Griechenland, notiert das CIMIC-Bulletin 1985, dürfen noch gar keine Verhandlungen geführt werden, da das US-Außenministerium dazu noch keine Freigabe erteilt hat. Die Bundesrepublik war auch bei der seit der von der Reagan-Administration betriebenen festeren Verankerung amerikanischer Militärpräsenz in Europa Einfallstor der US-Interessen und Vorreiter bei der Verknüpfung amerikanischer Hegemonialinteressen in Europa und gegenüber der Dritten Welt.

Dennoch beobachteten die US-Streitkräfte bereits Monate nach dem WHNS-Abkommen die innenpolitische Entwicklung in der Bundesrepublik mit Sorge. In der Vorstellungswelt amerikanischer Politiker und Militärs geht das Gespenst des deutschen Neutralismus nicht erst seit dem Fall der Mauer um. Bei Vergeltungsmaßnahmen des US-Kongresses für die sinkende Bereitschaft der Bundesrepublik, höhere Verteidigungsausgaben aufzuwenden, fürchtete das Hauptquartier des US-Heeres in Europa bereits im Mai 1983, daß die Sowjetunion ermutigt werden könnte, die Loslösung Europas von den USA durch die Tolerierung eines neutralen wiedervereinigten Deutschlands fortzusetzen. Inzwischen – nach der de-facto-Auflösung des Warschauer Vertrages – hat bei vielen Konservativen ein Bewußtseinswandel eingesetzt.

Die Zahl der Freunde der US-Streitkräfte schrumpft. Grund genug für diese, in der Bundesrepublik bei der Durchsetzung ihrer Interessen noch weniger selbst mit den durch neues Nationalbewußtsein gestärkten Konservativen zu kooperieren, sondern alle Register diplomatischer Kleinkunst auch gegen die früheren Freunde zu ziehen.

Low-Intensity-Conflicts mit ihrem vielstufigen Register von Information und Desinformation, Wirtschaftssanktion und Begünstigungsklauseln, Gegeneinander-Ausspielen und Miteinander-Austricksen werden die politische Landschaft Mitteleuropas, die von militärischen Binnenkonflikten schon bald nicht mehr bedroht ist, stärker bestimmen als die Strategie des Kalten Krieges.

Die NATO hat den Kalten Krieg gewonnen – verlautbart ihr Generalsekretär. Die Beute dieses teuren Krieges von sechzehn Nationen gegen den Ostblock scheint nun aber nur an Berlin und Frankfurt zu fallen. Noch hält die liberal-konservative Bundesregierung fest an der Doktrin, daß eine militärische Westeinbindung die beste Gewähr für das stille Staatsziel »Wirtschaftskraft« ist. Sie hält still, solange die Neugründung

Deutschlands noch vom Wohlwollen der Siegermächte abhängt.

Doch die Absetzbewegung der Bundesrepublik aus der Sonderrolle im Bündnis begann schon in den frühen achtziger Jahren, als eine allzu deutliche Protektion amerikanischer Militärinteressen selbst in konservativen Wählerschichten keine Resonanz mehr fand. Ab 1986 schickt das US-Außenministerium mit dem Spitzenbeamten Norman Schindler einen Späher nach Europa, um in intensiven Gesprächen die wehrpolitische Lage in dem neuen politischen Klima zu prüfen. Was er in Gesprächen mit Robert G. Shackleton, dem Leiter des US-Verbindungsbüros zu den Bundesländern Hessen, Rheinland-Pfalz und dem Saarland, am 27. Oktober 1988 sowie zahlreichen höheren US-Generalen und Konsularbeamten vom 1. bis 3. April 1987 über die in der Endzeit der Bundesregierung von Helmut Schmidt entstandenen Blockaden amerikanischer Militärinteressen erfuhr, legte er dem US-Außenministerium in einem Geheimbericht über die Veränderungen für die US-Streitkräfte in der Bundesrepublik vor. Längst bevor durch die Revolution in Osteuropa Veränderungen im Verhältnis der Blöcke zueinander absehbar waren, gingen in Washington die Alarmlichter an.

Daß die Weltmacht USA auf allen Kontinenten versucht, ihre nationalen Interessen durchzusetzen, ist hinreichend bekannt. Die Vita des derzeitigen US-Botschafters in der Bundesrepublik, Vernon Walters, illustriert diese Außenpolitik. Nach fünfundzwanzig Jahren im Militärdienst – überwiegend bei der Spionageagentur Defense Intelligence Agency –, die ihn 1953 beim Putsch des jungen Schah im Iran gegen den Premierminister Mohammed Mossadegh einsetzte oder 1962 als Militärattaché in Brasilien zur Etablierung einer US-freundlichen Militärdiktatur, kam er mit Präsident Reagan in den Dienst des US-Außenministeriums. Ob in Marokko, Guatemala, Nicaragua oder Argentinien – überall war Walters in engem Zusammenwirken mit der CIA der Drahtzieher bei der Steuerung der Innenpolitik dieser Länder in amerikanischem Interesse. Als er 1985 die UNO-Botschafterin der USA, Jeanne Kirkpatrick, ablöste, urteilte die Zeitung New Statesman über ihn: »Direkt oder indirekt war er am Sturz von mehr Regierungen beteiligt als jeder andere Beamte der US-Regierung.«

Gegenüber den Staaten der Dritten Welt oder im südamerikanischen Hinterhof ist die starke Einflußnahme der USA über Geheimdienste, Militärs oder wirtschaftliche Zwangsmittel bekannt. Gegenüber den NATO-Partnern jedoch wird eine freundschaftliche und kooperative Politik unterstellt, die die völlige Souveränität der Bündnispartner ebenso achtet wie das völkerrechtliche Gebot der Nichteinmischung in die inneren Angelegenheiten des Landes. Aber Vernon Walters Vita macht auch deutlich, daß entgegen allen Beteuerungen auch in Partnerstaaten die US-freundlichen Politikkräfte gestärkt und amerikakritische Parteien bekämpft werden. Manchmal entwickeln Geheimdienste und Militär dabei sogar eine politische Eigendynamik und konterkarieren die Außenpolitik der eigenen Regierung. So sabotierte Walters in seiner Funktion als Militärattaché in Rom in den frühen sechziger Jahren die Öffnung der Kennedy-Administration gegenüber der italienischen Linken. Er war eingespannt in eine CIA-Kampagne zur Stärkung der Christdemokraten, die damals in den Wahlen den Kommunisten zu unterliegen drohten.[7] Mit dieser Einmischung in die Innenpolitik eines Gastlandes verstieß er nicht nur gegen die Interessen der eigenen Regierung, sondern auch gegen geltendes Völkerrecht.

Ausweislich der in den folgenden Kapiteln dargestellten Praxis von US-Dienststellen im Umgang mit westdeutschen Bürokratien und Politikern auf Landesebene und im kommunalen Bereich gehört diese völkerrechtswidrige Einmischung in die inneren Angelegenheiten der Bundesrepublik zum Geschäftsalltag US-amerikanischer Verbindungsoffiziere und Kommandeure.

Anmerkungen

1 D. F. Fleming: The Cold War and its Origins 1917–1960, Vol. II 1950–1960, London 1968, S. 1035.

2 Christopher Simpson: Die internationalen Wirtschaftseliten und das Widererstarken des deutschen Kapitalismus 1945–1948. In: 1999 Zeitschrift für Sozialgeschichte des 20. und 21. Jahrhunderts; 2/90, S. 26.

3 Helmut Wolfgang Kahn: Der Kalte Krieg. Bd. I: Spaltung und der Wahn der Stärke 1945–1955, Köln 1986, S. 61.

4 Christopher Simpson: a. a. O., S. 28.

5 Vgl. Helmut Wolfgang Kahn: a. a. O., S. 96.

6 Vgl. Karen Schönwälter: Auf der Suche nach der »deutschen Identität«. In: Blätter für deutsche und internationale Politik, 12/85, S. 1450 ff.

7 Vgl. Claudia Wright: Brass Knuckles for America. In: New Statesman vom 8. Februar 1986, S. 20.

»Ansbach Gate«

Kommunalwahl auf amerikanisch

Die amerikanische Präsenz in Europa im Zeitalter von Glasnost und Perestroika war Thema der Rede, die Vernon A. Walters vor der Gesellschaft für Auslandskunde am 30. Oktober 1989 im Münchener Amerika-Haus hielt. Walters, CIA-Mann, Krisendiplomat und derzeit US-Botschafter in Bonn, warnte eindringlich vor den Risiken des Reformprozesses in der Sowjetunion: Wirtschaftskrisen, Instabilität, Nationalitätenstreit und Separatismus, Absichtserklärungen zur Abrüstung bei unveränderter konventioneller Überlegenheit ihrer Streitkräfte. Fazit: Die NATO muß ihre konventionellen Streitkräfte kontinuierlich modernisieren und parallel zur Rüstungskontrolle militärische Stärke einsatzbereit halten. »Wer in blinder Euphorie diese bewährte Strategie in Frage stellt, der macht die Sicherheit seines Landes mutwillig und ohne Not von einer umbruchartigen und alles andere als erschütterungsfreien Entwicklung in der Sowjetunion abhängig. Dies wäre nicht Friedenspolitik, sondern Glücksspiel.«

Mit den Bundesbürgern ging Walters hart ins Gericht. Diese hätten nur den eigenen, kleinen Lebensbereich im Auge und würden dabei an dem Ast sägen, auf dem sie seit 40 Jahren komfortabel sitzen. Welche Schwierigkeiten die US-Friedenspolitik mit den Kleingeistern hierzulande hat, machte der US-Botschafter der Stärke seinem Auditorium ebenfalls deutlich: »Eingespielte Verfahrensweisen erweisen sich immer häufiger als funktionsunfähig. Im Normalfall wendeten sich die amerikanischen Streitkräfte mit ihren Projekten und Anliegen an die entsprechenden Fachministerien in Bonn. Diese fällten nach Rücksprache mit den Körperschaften vor Ort eine Entscheidung und sprachen schließlich die Projektgenehmigung aus. Bislang hatten die US-Streitkräfte also einen zentralen Ansprechpartner an der Spitze, der ihnen die Verhandlungen mit den Instanzen der tieferen Ebenen abnahm.

Wenn aber eine Einigung zwischen Bundesbehörden und

Gremien der lokalen und kommunalen Ebene scheitert und die Entscheidung des Bundes gerichtlich angefochten wird, kompliziert sich das Verfahren ungemein. Die Streitkräfte müssen sich dann mit einer Vielzahl von Parteien auseinandersetzen, der Aufwand steigt, und wichtige Projekte werden entweder verhindert oder erleiden Verzögerungen, die sich durchaus in Jahren bemessen können. Dinge, die bislang reibungslos und selbstverständlich abliefen, sind heute komplex, zeitraubend und mühsam geworden.«

Vernon A. Walters irrt. Zwar funktioniert der Automatismus von Landbestellung und Landzuweisung, Manöveranmeldung und Manöverdurchführung, Anmeldung der Baumaßnahme und schneller Realisierung des Projekts in der Tat nicht mehr so reibungslos wie früher, doch der Wandel im vormaligen Selbstbedienungsladen der US-Streitkräfte vollzog sich nicht erst seit den Veränderungen in Osteuropa.

Den wachsenden Widerstand gegen die Aktivitäten der US-Streitkräfte in der Bundesrepublik beschrieb bereits im Mai 1983 der Stabschef für Aktivitäten im Gastgeberstaat beim Stab der U.S. Army in Europa (USAREUR) in einer vertraulichen Studie über die »Bedingungen in Deutschland, unter denen USAREUR leben und operieren muß«: »Opposition gegen die taktischen Nuklearwaffen. Lokaler Widerstand gegen alles, was die Umwelt bedroht oder umweltgefährdend sei. Alle Entwicklungen der US-Streitkräfte werden zur politischen Streitfrage. Immer lautere und zahlreichere Beschwerden und Klagen. Bei der Durchsetzung von Maßnahmen dauert es länger, und manches ist einfach nicht mehr durchführbar. Keine Bereitschaft der Deutschen, wesentliche Steigerungen der Verteidigungslasten hinzunehmen.

Besonders sensitive Fragen sind:
- Bautätigkeit in Grünzonen,
- Rodungen und verstärkte Nutzung von Manövergeländen,
- Nacht- und Feiertagsschießübungen auf großen Schießplätzen,
- Hubschrauberstationierungen und -operationen,
- Überbeanspruchung der Bevölkerung einzelner Regionen.«

Zwar feiert die Stabsstudie das Ergebnis der Bundestagswahl vom März 1983 als »Traumergebnis für die NATO«, weil die SPD in ihrem Raketenwahlkampf gegen Kohls wirtschaftliche Prioritätensetzung unterlag, aber die Studie sieht zugleich die Bedrohung der US-Streitkräfte, die aus der Rückkehr der Konservativen an die Macht »nach 14 Jahren in der Wildnis« resultiert: »Bis vor kurzem war offene Opposition gegen Pläne und Politik der US-Streitkräfte beschränkt auf die Grünen, glühende Pazifisten und lokale Elemente, die von einzelnen Plänen und Operationen unmittelbar betroffen waren. Nun können wir darauf gefaßt sein, daß beide Oppositionsparteien – SPD und Grüne – gegen das, was wir tun und erst recht, gegen das, was wir zu tun planen, opponieren werden.«

Und die US-Streitkräfte planen viel. Seit im Frühjahr 1982 die ersten neuen Kampfpanzer vom Typ M 1 Abrams den Vorläufer M 60 ersetzten, werden die US-Streitkräfte in der Bundesrepublik mit insgesamt 400 neuen Typen von Waffen- und Kampfunterstützungssystemen ausgestattet. Neue Schützenpanzer M 2 Bradley, neue Mehrfachraketenwerfer MLRS, neue Flugabwehrraketen PATRIOT, neue Fernmelde- und Führungssysteme, neue Kampfflugzeuge vom Typ F-16 und F-15 und neue Kampfhubschrauber vom Typ APACHE werden seither kontinuierlich nach Westdeutschland eingeführt – ganz im Gegensatz zu den offiziellen Abrüstungsbeteuerungen. Teils werden mit den neuen Waffen vorhandene Truppenteile modernisiert, teils aber auch neue High-Tech-Verbände wie elektronische Kampfführungsbataillone oder Kampfhubschrauberregimenter aufgestellt. Jahr für Jahr wuchsen die dazu notwendigen Infrastrukturmaßnahmen und der militärische Landbedarf. Gaben die US-Streitkräfte 1980 noch 176 Millionen Dollar für Militärbauten in Westdeutschland aus, waren es 1987 bereits über 400 Millionen Dollar.

Den größten Widerstand gegen ein einzelnes Waffensystem zogen die US-Streitkräfte auf sich, als der Plan bekannt wurde, an zunächst sechs Standorten Kampfhubschrauberverbände zu stationieren. Die Auseinandersetzung um die Stationierung der ersten Bataillone des millionenteuren Hubschrauber-Panzerjägers APACHE führte zunächst dazu, daß in Wiesbaden seit Anfang der achtziger Jahre erfolgreich die Reaktivierung der Wiesbaden Air Base für diese Verbände verhindert wurde und sie statt dessen verlegt werden mußten. Der Widerstand in der Provinz des Freistaats Bayern war 1986 noch kalkulierbar gering.

Bereits beim Neubau von zivil betriebenen US-Militärlagern für Verstärkungskräfte aus den USA hatten die US-Streitkräfte die Erfahrung gemacht, daß Projekte, die in Osthessen Mitte der achtziger Jahre politisch nicht mehr durchsetzbar waren, in Bayern schnell zum Richtfest kamen. Der verstorbene bayerische Ministerpräsident Franz Josef Strauß und die satte CSU-Mehrheit im Freistaat garantierten stets eine reibungslose Realisierung der Pläne der US-Streitkräfte, die in Bayern mit 72 000 Soldaten ihre deutlich stärkste Truppenpräsenz in einem Bundesland haben. Gelegentliche Vergünstigungen, wie private Landerechte auf dem US-Militärflugplatz Mainz-Finthen, wenn Strauß den Bundesparteitag der CDU im benachbarten Wiesbaden besuchte, konnten das gute Verhältnis zwischen Gast und Gastgeber nur noch verbessern.

Doch nach dem Tod des bayerischen Ministerpräsidenten hören auch in Bayern die Uhren auf, anders zu gehen. In dem im Sommer 1989 im Stab der U.S. Army in Europa (USAREUR) erarbeiteten »Programm für die Gestaltung der Beziehungen zum Gastland« wird ausdrücklich davor gewarnt, noch Manöver in Bayern unterzubringen, denen in anderen Ländern Widerstand entgegengebracht wird. Jetzt suchen die US-Streitkräfte neue Truppenübungsplätze in Frankreich, wo die Furcht vor einem deutschen Sonderweg in den Neutralismus das Interesse an deutlicher US-Präsenz in Westdeutschland festigt.

Für die Stationierung weiterer Kampfhubschrauber auf dem bayerischen Airfield Katterbach bei Ansbach befürchteten die US-Streitkräfte bereits schwere Auswirkungen auf die Wahlchancen der CSU, wenn Hubschrauber vor der Kommunalwahl am 18. März 1990 stationiert würden. In einem Schreiben vom 8. Februar 1990 an das VII. US-Corps in Stuttgart warnte der Kommandeur der 1. US-Panzerdivision in Ansbach,

Generalmajor Ronald H. Griffith: »Wir haben uns, wie gewünscht, nochmals mit dem Vorschlag befaßt, in Vorbereitung der Ankunft der 2-1 (Heeresfliegerstaffel 2-1 der U.S. Army, d. Verf.) Fluggeräte UH-1-Hubschrauber in Katterbach zu stationieren. Diese erneute Prüfung hat uns in unserer Ansicht bestätigt, daß es von uns sehr unklug wäre, in dieser Hinsicht irgend etwas vor den am 18. März 1990 stattfindenden Kommunalwahlen zu unternehmen.

Grundlage für unsere Haltung sind folgende Tatsachen: Das kommunalpolitische Klima. Ansbach wird augenblicklich von einem CSU-Oberbürgermeister (Dr. Zumach) und einem Stadtrat regiert, dessen früher starke CSU-Mehrheit ständig dahinschwindet. Gegenwärtig beherrscht die CSU den Stadtrat lediglich mit einer Stimme Mehrheit. Dr. Zumach hat sich nicht für die Wiederwahl im nächsten Monat gestellt; sein Stellvertreter, Bürgermeister Breitschwert, ist der CSU-Kandidat. Die Unterstützung in der Bevölkerung für Breitschwert scheint geringer zu sein als die, die Zumach früher genoß. Dies trifft insbesondere auf die Landbevölkerung zu, die sich jetzt immer stärker den rechtsgerichteten Republikanern zuwendet. Bei den Wahlen zum Europaparlament im Juni 1989 erhielten die Republikaner in Ansbach 14,6 Prozent der Stimmen, was hauptsächlich auf Kosten der CSU ging. Die CSU verliert jedoch nicht nur auf der Rechten Stimmen an die Republikaner, sie muß sich auch mit einer SPD-Opposition auseinandersetzen, die in den letzten Jahren immer selbstbewußter geworden ist. Die SPD hat die örtliche militärische Belastung zu einem Hauptwahlkampfthema gemacht. Obwohl seitens der Bevölkerung wenig Klagen über die örtlichen US-Truppen laut werden, sind Hubschrauberstationierungen doch ein wunder Punkt. Angesichts der seit langem geplanten und zuvor koordinierten Rückkehr der 2-1-Fluggeräte im April 1990, wäre eine überraschende Stationierung von weiteren Hubschraubern vor dem 18. März kompromittierend für die örtliche CSU und könnte den Wahlausgang in einer Weise beeinflussen, die für die US-Streitkräfte negativ ist.«

Die Veröffentlichung des Griffith-Briefes in der *Fränkischen*

Landeszeitung vom 7. März heizte die Endphase des Kommunalwahlkampfes heftig an. Die Sozialdemokraten veröffentlichten eine beglaubigte Übersetzung des Griffith-Briefes und warfen einerseits der CSU Kumpanei mit den US-Streitkräften vor und andererseits den US-Streitkräften skandalöse Einmischung und Wahlhilfe für die CSU in der Markgrafenstadt.

Die CSU zeigte sich entsetzt über die »unerbetene Wahlhilfe«. Natürlich habe es keinerlei Gespräche über Pläne zur Stationierung zusätzlicher Hubschrauber gegeben. »Wenn ein US-General annimmt, daß ein Kommunalparlament wirksamen Einfluß auf Stationierungsvorhaben habe, zeige dies seine Unkenntnis über das deutsche Rechtswesen«, rügte CSU-Bürgermeister Breitschwert den US-General im Stadtrat. Die CSU werde die US-Streitkräfte weiterhin nachdrücklich ersuchen, von der Stationierung zusätzlicher Einheiten in Ansbach Abstand zu nehmen, beteuerte er. Notfalls werde die bayerische Staatskanzlei eingeschaltet.

Der Chef des Ansbacher Amtes für zivile Angelegenheiten, Egon Klarner, mutmaßt die Bürgerinitiative gegen APACHE-Hubschrauber, weiß aus jahrelanger Zusammenarbeit im deutsch-amerikanischen Ausschuß nicht nur genau, was die US-Streitkräfte vorhaben, sondern steht den Gaststreitkräften auch seinerseits mit Informationen über die kommunalpolitische Lage in der Stadt zur Seite. Henrik Ochsenkühn, der CSU-Bundeswahlkreisgeschäftsführer, inszenierte die Gegenoffensive zum »Tragödien-Stadel« der SPD und konstruierte eine Art Ansbacher Dolchstoßlegende: Der Skandal kann nur von interessierten Kreisen inszeniert sein. Mutmaßt er. Tathergang: Der US-General mit erheblicher Unkenntnis des von ihm beschrittenen Terrains wird unqualifiziert und falsch beraten, sein Bericht der Presse in die Hände gespielt. Tatopfer des bewußt lancierten Komplotts: die Christlich-Soziale Union. Wer aus dem nicht näher definierten Politlager es dabei schaffte, beim VII. Corps auch noch zeitgerecht eine Anforderung zu diesem Schreiben an Griffith zu plazieren, läßt die CSU offen.

Ochsenkühn bestätigt die Befürchtungen der USAREUR-

Studie von 1983: »Örtliche Politiker, selbst solche, die uns unterstützt haben, werden sich von uns distanzieren und gelegentlich auch gegen uns opponieren müssen.« Zwar erhofften sich die US-Streitkräfte von den konservativen Kommunalpolitikern die Verteidigung ihrer Interessen, die die Deutschen zwar keinen Pfennig kostet, aber möglicherweise etwas, »was wertvoller ist als Geld, zum Beispiel Wählerstimmen«. Bei der Ansbacher Bürgermeisterwahl bestätigte sich diese Einschätzung, obwohl die CSU ihre politische Freundschaft mit den US-Streitkräften verleugnete. In den Ortsteilen Katterbach und Obereichenbach, die besonders vom Fluglärm der US-Hubschrauber gebeutelt sind, holte der SPD-Bewerber erstmals die Mehrheit.

Für die US-Streitkräfte erwies sich der Griffith-Brief in doppelter Hinsicht als Eigentor. Dem Ansbacher Oberbürgermeister war nach eigenem Bekunden die Informationspolitik der US-Streitkräfte »manchmal völlig schleierhaft«. Häufig hörte er bei seinen Gesprächen mit US-Offizieren unterschiedliche Angaben zur Anzahl der Hubschrauber, die er schließlich nicht am Zaun stehend überprüfen könne. Am 10. März nun wußte er ganz gewiß, daß künftig in Katterbach 125 Hubschrauber stationiert sein werden. Die örtliche Bürgerinitiative ließ daraufhin beim Forschungsinstitut für Friedenspolitik in Starnberg errechnen, wie sich dieser Wert zusammensetzen könnte. Heraus kam ein strenggehütetes Geheimnis der US-Streitkräfte: Neben den geplanten Kampfhubschrauber- und Aufklärungsverbänden ist seit 1988 auf dem fränkischen Airfield die Task Force Phönix stationiert, ein Verband zur elektronischen Spionage, Zielzuweisung und Störung, der mit UH-1- und AH-60-Helikoptern operiert.

Im Auge hatten die US-Streitkräfte bei ihrer politischen Lagebeurteilung jedoch nicht nur lokale CSU-Interessen, sondern auch die Haltung der Staatsregierung des blau-weißen Freistaats. Ergebnis dieser Absprachen: »Die Bayerische Staatskanzlei spricht sich gegen jegliche Stationierungsmaßnahmen vor den Kommunalwahlen aus. Herr Pause, der Leiter der militärischen Abteilung in der Bayerischen Staatskanzlei, meinte, daß das Verteidigungsministerium überreagiert habe, als es den US-Streitkräften empfahl, die Hubschrauber so schnell als möglich nach Katterbach zu verlegen. Die Bayerische Staatskanzlei sieht keinerlei Risiken für die planmäßige Stationierung der Fluggeräte der 2-1. Herr Lehninger, USFLO München (US-Verbindungsbüro zu deutschen Dienststellen, d. Verf.), empfiehlt dringend, die Wahlen vom 18. März abzuwarten. Er sagte, daß der Leiter von Host Nation Support USAREUR, diese Meinung teilt.«

Bei der Landtagsdebatte in München stand CSU-Staatssekretär Wilhelm Vorndran unter Beschuß. Kühn dementierte er jedes Wissen der Bayerischen Staatsregierung um die Stationierungsregelungen für einen Hubschrauberverband für Katterbach. Absprachen habe es nie gegeben, geschweige denn solche mit Blick auf den Wahltermin.

»Sollte der US-Offizier tatsächlich seinem Vorgesetzten einen solchen Bären aufgebunden haben?« schien für den SPD-Landtagsabgeordneten Langenberger das fragwürdige Ergebnis der Vorndrandementis zu sein. »Vielleicht hat sich Griffith auch nur gegenüber seinen Vorgesetzten wichtig gemacht«, versuchte sein Fraktionskollege Sommerkorn das Rätsel zu lösen.

Nachrichtlich ging der Griffith-Brief auch nach Heidelberg an den Befehlshaber der US-Streitkräfte in Europa, genauer an den Leiter von Host Nation Support USAREUR, der Abteilung der U.S. Army in Europa, die sich mit Fragen beschäftigt, die das Stationierungsland betreffen. Der wiederum wird von Griffith in seinem Brief mit der Meinung zitiert, vor der Stationierung von Hubschraubern in Katterbach besser die Wahlen vom 18. März abzuwarten. Hätte Griffith seinem Vorgesetzten einen Bären aufgebunden, dann den, den dessen Vorgesetzter gezeugt hat.

Warum der US-General seinen Brief so formulierte, wich der Leiter der Bayerischen Staatskanzlei aus, könne zutreffend nur der beantworten, der den Brief tatsächlich entworfen habe. Dies wiederum geht aus dem der *Fränkischen Landeszeitung* zugespielten Papier hervor: A. J. Bacevich, Col., GS, AETS-KCS,

468-8375. Wer im US-Telefonnetz nach der Vorwahl von Ansbach (468) den Apparat 8375 anwählt, erreicht mit Oberst Bacevich den Chef des Stabes, also den zweithöchsten Offizier der 1. US-Panzerdivision, und keinen subalternen Berater, wie ihn die Ansbacher CSU für das ungeliebte Papier verantwortlich machen wollte.

Der Leitende Ministerialrat Dietrich Pause ließ sein Dementi im Landtag zu München am 21. März 1990 von Staatssekretär Wilhelm Vorndran verlesen: Den US-General Griffith habe er nur im November 1989 bei dessen Amtseinführung und beim Neujahrsempfang der Staatsregierung 1990 in München gesehen und dabei keineswegs die Stationierungsabsichten für Katterbach erörtert.

Diese persönliche Erklärung Pauses ist wahr, und sie geht doch an der Realität vorbei. Regelmäßiger Gesprächspartner bei den US-Streitkräften ist für ihn Wilhelm E. Lehninger, US-Verbindungsmann und Untermieter in der Bayerischen Staatskanzlei – und nicht ein örtlicher Kommandeur. Auf dieser Ebene muß die Pausenregelung bei der Stationierung von US-Hubschraubern getroffen worden sein.

Wilhelm E. Lehninger ist im März 1990 fast so frisch in Bayern wie Ronald H. Griffith. Erst zum 4. Dezember 1988 hatte er sein Amt übernommen, nachdem er am 16. November 1988 in Stuttgart über die Aktivitäten der US-Streitkräfte in Bayern unterrichtet worden war, »herzlich willkommen geheißen«, wie er in seinem Dankschreiben an den Corpskommandeur, Generalmajor Ronald L. Watts vermerkte. Bereits zuvor, am 3. November 1988, reiste Lehninger zum »Bavaria Strategy Meeting«, wo er mit dem stellvertretenden Stabschef für Unterstützungsleistungen des Aufnahmestaats, Generalkonsul Fischer, Insidern als CIA-Mann bekannt, und ausgewählten Offizieren von USAREUR und dem VII. Corps sowohl das politische Klima im Freistaat Bayern nach dem Tod von Ministerpräsident F. J. Strauß als auch die Strategie für zukünftige Militäraktivitäten in Bayern diskutierte.

Neu im politischen Geschäft ist Lehninger nicht. Von 1982 bis 1988 war er in Hessen Verbindungsoffizier der US-Streitkräfte zur Landesregierung, sechseinhalb wechselvolle Jahre mit drei Landesregierungen, bevor er recht kurzfristig nach München berufen wurde. Seinem Amtswechsel verdanken wir eine zusammenfassende Darstellung des politisch-militärischen Klimas in Hessen aus der Sicht der US-Streitkräfte von 1982 bis 1988, die er als letzten Monatsbericht am 1. Dezember 1988 an seine Vorgesetzten gab.

»Dieser Bericht soll einige der politischen Veränderungen und die momentan wichtigen politischen Probleme verdeutlichen, die ich während meiner Dienstzeit als regionaler Verbindungsoffizier der US-Streitkräfte für das Bundesland Hessen im Zeitraum 1982 bis 1988 beobachten konnte.

1. Die Arbeitsbeziehungen mit der SPD-Landesregierung des früheren hessischen Ministerpräsidenten Börner und den Kommunalregierungen waren während meiner beiden Anfangsjahre beim Hauptquartier des V. Corps entspannt und bemerkenswert freundlich. Die Landbeschaffungsanträge für sieben vorgeschobene Versorgungslager (Forward Storage Tactical Sites) wurden schnell abgewickelt; die Hauptbauvorhaben der US-Streitkräfte konnten ohne größere Schwierigkeiten durchgeführt werden; und unsere Manöveranträge wurden mit wenigen Nachfragen der hessischen Behörden genehmigt. Ein häufiger Streitpunkt war der Fluglärm auf dem Flugplatz des V. Corps im Bundesland Hessen, und einige Bürger wehrten sich massiv gegen das Schießen an Feiertagen auf dem Truppenübungsplatz Wildflecken. Diese Problempunkte wirkten sich aber nicht störend auf unser im Grunde ausgezeichnetes Verhältnis zu den hessischen Behörden aus.

2. 1984 begann eine krisenhafte Entwicklung auf der politischen Szenerie Hessens. Nach zwei Landtagswahlen hatte sich ein Kräftegleichgewicht im Parlament ergeben, das die Einsetzung einer stabilen Koalitionsregierung unmöglich machte. Ministerpräsident Börner, der mit Unterstützung der Grünen wiedergewählt worden war, versuchte

Hessen über eine ›Tolerierungsvereinbarung‹ zu regieren. Börners Hoffnungen wurden bald enttäuscht, als die Grünen aufgrund einer Streitigkeit über Kernkraft die Zusammenarbeit aufkündigten und die SPD daraufhin das Land mit einer Minderheitsregierung führen mußte. Schließlich fand sich, nach langen und kontroversen Diskussionen, eine Mehrheit der Grünen bereit, im Dezember 1985 in eine reguläre Koalition mit der SPD einzutreten. Es wurde ein neues Ministerium für Umwelt und Energiefragen eingerichtet mit dem grünen Minister Joschka Fischer an der Spitze, und zwei grünen Staatssekretäre wurden in die Regierung aufgenommen.

3. Nun hatte sich die Situation verändert und eine gewisse Spannung trat zwischen den US-Streitkräften und den hessischen Regierungsbehörden auf. Die Landesregierung reagierte auf öffentliche und offizielle Stellungnahmen auf kommunaler Ebene, die sich zunehmend kritisch über unsere Tätigkeit äußerten. Reibungspunkte waren insbesondere die vielen Bauvorhaben, die wir in den vergangenen Jahren begonnen hatten, und auch die Manöver riefen empfindliche Reaktionen in der Öffentlichkeit hervor. Diese Empfindlichkeit war ein Ergebnis der wachsenden »Verteidigungsmüdigkeit«, die nicht nur in Hessen, sondern auch in anderen Gebieten der BRD feststellbar ist. Beispielsweise gelang es uns nicht, ein größeres Stück Land irgendwo in Hessen für einen weiteren Standortübungsplatz zu erhalten; ohne Unterstützung der Bundesregierung gibt es keine Möglichkeit, daß die Bürger und die Kommunal- und Landesregierungen einer Stationierung von zusätzlichen Luftfahrzeugen in Wiesbaden zustimmen; und es dürfte unmöglich sein, die volle Akzeptanz in der Öffentlichkeit für eine fortgesetzte intensive Nutzung Osthessens durch die Einheiten des V. Corps zu erreichen. Schließlich wurden unsere Bauprogramme mit den verschärften deutschen Umweltschutzbestimmungen konfrontiert, was zusätzliche Streitpunkte und große Verspätungen zur Folge hatte.

4. Vor diesem Hintergrund verschlechterten sich unsere Beziehungen zur Börner-Regierung, allerdings immer noch in begrenztem Rahmen. Börner selbst hat zu diesem Stand der Dinge beigetragen. Er hatte eine Grundsatzentscheidung zur engen Zusammenarbeit mit den Grünen getroffen, und nachdem SPD und Grüne im März 1985 die großen Gewinner der Kommunalwahl waren, rief er zu Koalitionen mit den Grünen auf kommunaler Ebene auf. Dieser Schritt, der der Stärkung der SPD-Position in den Kommunalregierungen dienen sollte, mag aus politischer Sicht verständlich sein, aber er förderte merklich den Einfluß der Grünen im Bundesland und auch in zahlreichen Kreis- und Stadtparlamenten, wo sie uns bis heute viele Probleme bereiten.

5. Vierzig Jahre SPD-Vorherrschaft in der hessischen Politik endeten im April 1987, als bei den Landtagswahlen die CDU unter der Führung von Dr. Wallmann in Koalition mit der FDP einen hauchdünnen Sieg errang. Mit 49,9 Prozent der Stimmen erhielten sie soviel, um gerade eben die Regierung bilden zu können. Seitdem regiert Ministerpräsident Dr. Wallmann mit einer Stimme Mehrheit im Parlament. Er vermeidet sorgfältig Kontroversen und hält Abstand zu unpopulären militärischen Streitigkeiten, obwohl seine Regierung erklärt, sie sei bereit, einen fairen Teil der Verteidigungslast zu übernehmen. Es gelang der CDU/FDP-Regierung, den politischen Einfluß der Opposition etwas zurückzudrängen, insbesondere, was die Stellung der Grünen auf Landesebene angeht. Dennoch sperren sich in Kreisen und Städten die SPD/Grünen-Koalitionen und die Bürgerinitiativen im ganzen Land vehement gegen die Modernisierungsprogramme für unsere Streitkräfte.

6. Im vergangenen Jahr entwickelten sich politisch-militärische Probleme in erster Linie aus den Stationierungsinitiativen und den damit verbundenen Bauvorhaben. Vermessungen, die militärische Infrastruktur betrafen, wurden von den Kommunalregierungen äußerst gründlich geprüft. Zunehmend wird deutlich, daß die Kommunalregierungen

gelernt haben, die Justizbehörden einzusetzen, um Projekte ,die sie ablehnen, zu verhindern oder zu verzögern. Dies ist für mich eine Quelle der Sorge, vor allem da die Bundesregierung es in vielen Fällen ablehnt, uns so stark zu unterstützen, wie das für die Durchführung der Modernisierung unserer Streitkräfte notwendig wäre.

Beispiele:

a) Die Stationierung von Luftfahrzeugen auf der Wiesbadener Air Base. Dies ist der kritischste und wichtigste Streitfall über die Modernisierung, dem sich das V. Corps gegenübersieht, und wir haben extreme Schwierigkeiten bei der Durchführung unserer Pläne. Lokale Bürgerinitiativen wehren sich massiv gegen jede Luftfahrzeugstationierung, und die städtischen Behörden haben erfolgreich die Gerichte angerufen, um die Ankunft der Apaches für einen längeren Zeitraum zu verzögern. Dieser Streit wurde beispielhaft für andere Stadtparlamente in Hessen.

b) Standortübungsplatz Lampertheim. Der Abschluß eines Vertrages über die Landnutzung und der Bau eines Schießbahnkomplexes wurden blockiert, weil sich Lokalpolitiker aller Parteien hier vehement gegen unsere Übungsaktivitäten zur Wehr setzen.

c) Truppenübungsplatz Wildflecken. Der Bau der Schießbahn 10 ist durch ein Gerichtsurteil blockiert, das die Opposition im Kommunalparlament erwirkt hat. Nachdem eine Handvoll Gersfelder Bürger drei Jahre lang Druck ausgeübt hat, sehen wir uns heute, nach vielen Beratungen zwischen US-Offiziellen und deutschen Behörden, und trotz unserer widerstrebenden Zustimmung zur Erfüllung der Wünsche des BMVg (Bundesministerium der Verteidigung – die Verf.) bezüglich der Reduzierung von Nacht- und Wochenend-Schießübungen, die wir erfüllten, um die Erlaubnis zum Bau der Schießbahn zu erhalten, einem lästigen und langwierigen Prozeß vor dem höchsten Gericht gegenüber.

d) Standortübungsplatz Schlitz. Die Art und Weise, wie es

lokalen Bürgerinitiativen in diesem Fall gelang, sich der Hilfe von Politikern aller Parteien auf kommunaler, Landes- und Bundesebene zu versichern, um die US-Armee daran zu hindern, einen großen Landstrich in der Nähe von Schlitz, der uns vom BMVg angeboten worden war, zu erwerben, ist fast ein Modell, das zeigt, daß es uns in Zukunft nicht mehr gelingen wird, irgendwo in Deutschland eine größere Menge Grund zu bekommen. In diesem Fall waren alle gegen uns, einschließlich Außenministers Genscher, CDU-Fraktionsführers Dregger und Verteidigungs-Staatssekretärs Würzbach. Keiner dieser Politiker wollte erkennen, daß unsere Landnahme die freilaufenden Manöver in Nordhessen verringern würde und daß daher diese Landnahme mit den tatsächlichen deutschen Interessen in Einklang steht.

e) Vorgeschobene Versorgungslager. Wir haben sieben der zehn Standorte, die wir benötigen, aber wir sehen uns bei der Genehmigung der restlichen drei ausgedehnten Verzögerungen gegenüber. Der Ministerpräsident von Hessen will uns bei diesem Problem nicht helfen, und die einzige Möglichkeit, Grund für die restlichen Standorte zu erhalten, wäre eine Enteignung durch die Bundesregierung. Das hat langfristige Verzögerungen und viel öffentliche Kritik in Osthessen zur Folge, wo wir von der öffentlichen Unterstützung für unsere Manöver abhängig sind.

f) Bauvorhaben. Bei unseren Bauvorhaben entstehen mehr und mehr Verzögerungen – sowohl aus verwaltungstechnischen wie auch aus politischen Gründen. Das beruht manchmal auf unserer eigenen Unfähigkeit zur Zusammenarbeit mit dem deutschen Verwaltungsapparat, der eine Menge von relativ neuen Gesetzen und Verordnungen im Umweltschutzbereich erlassen hat, die ein schwieriges Arbeitsklima schaffen und hinderlich sind für unsere Bauprojekte. Gegenwärtig werden Hauptbauvorhaben im Wert von über 100 Millionen Dollar von politischen/bürokratischen/juristischen Hindernissen blockiert.

g) Manöver. Obwohl die Regierungen unseren Manövern gegenüber Anzeichen von Verärgerung zeigten, erfuhren wir keinen ernsthaften Widerstand dagegen. REFORGER '85 und CARAVAN GUARD '88 wurden während des Winters in Hessen ohne Widerstand durchgeführt – und mit relativ geringem Manöverschaden. Andere Divisionsübungen in den vergangenen Jahren in Osthessen stießen ebenfalls auf wenig Kritik. Die Ernennung eines Kontrolloffiziers für den zivilen Manöverschaden in den Brigaden und die Einrichtung eines Systems zur besseren Verteilung der Manöver haben viel dazu beigetragen, das Problem der »Übernutzung« zu verringern, und haben geholfen, die Schäden deutlich zu reduzieren. Aber wir können nicht damit rechnen, unsere Manöverdichte erhöhen zu können, ohne die Unterstützung der Landesregierung zu verlieren und starken öffentlichen Protest hervorzurufen.
h) Umweltprobleme. Das V. Corps hat deutliche Schritte unternommen, um Umweltprobleme zu beseitigen, die aus der früheren Vernachlässigung des Problems entstanden sind. Es werden große Anstrengungen unternommen, um sicherzustellen, daß laufende und zukünftige Operationen unter gründlicher Überwachung in Umweltschutzfragen durchgeführt werden. Ein ständiger Diskussionspunkt auf dem Gebiet des Umweltschutzes sind alte Abwassersysteme und Tanklagervorrichtungen. Für die Beseitigung dieses Problems müssen größere Summen zur Verfügung gestellt werden. Unser Programm zur Nutzung von Fernwärme hat sich in Hessen als sehr populär und erfolgreich erwiesen, und wir müssen uns nun nicht mehr vorwerfen lassen, die Luft zu verschmutzen, wie das noch vor einigen Jahren der Fall war. Wir bemerken bei unserer Arbeit, daß die kommunalen Behörden im ganzen Bundesland mehr und mehr sensibilisiert werden für die Probleme, die die US-Streitkräfte angeblich im Umweltbereich hervorrufen. Dieser Kurs verlangt von uns allen, bei unseren zukünftigen Operationen noch sorgfältiger zu sein.

7. Schließlich möchte ich betonen, daß der Durchschnittsdeutsche, die »schweigende Mehrheit« der hessischen Bürger, noch immer die ziemlich starke Präsenz von US-Streitkräften akzeptiert und unterstützt. Wir können weiterhin wirkungsvoll operieren, auch wenn die breite öffentliche Unterstützung für die Verteidigung in den letzten Jahren schrittweise verlorenging.«

»Diplomatischer Dienst«

PR-Alltag bei den US-Streitkräften

Willy E. Lehninger, der in Bayern für die Zusammenarbeit mit der Staatskanzlei, in der er auch sein Büro hat, zuständig ist, stammt aus dem Büro des dienstältesten Verbindungsoffiziers der US-Streitkräfte Robert G. Shackleton, dem USFLO (United States Forces Liaison Office) für den Wehrbereich IV, der aus den Bundesländern Hessen, Rheinland-Pfalz und Saarland besteht.

Solche Verbindungsbüros (USFLO) unterhalten die US-Streitkräfte in Bremerhaven für ihre norddeutschen Garnisonen, in Kaiserslautern für ihr europäisches Versorgungskommando sowie in Stuttgart, Göppingen, München, Ansbach und Würzburg für den Bereich des VII. Corps und in Wiesbaden und Frankfurt für den Bereich V. US-Corps.

Wegen der Problemdichte in der Rhein-Main-Region wurde 1988 aus dem Wiesbadener Büro der Verantwortungsbereich für Mainz ausgegliedert, wo für den USFLO Christman in der Quirinstraße 4 für 40 000 Dollar ein neues Büro eingerichtet wurde. Für den Betrieb dieser Verbindungsbüros, d. h. Porto- und Telefonkosten, Miete und Fahrer, Zeitungen und Miete wendeten die US-Streitkräfte im Jahre 1988 524 304 Dollar plus 50 000 Dollar Ausbildungskosten auf. Nicht inbegriffen sind darin die Gehälter für die gut bezahlten PR-Profis. An der Spitze eines Verbindungsbüros für einen Wehrbereich wie Bayern oder Baden-Württemberg steht meistens ein Beamter im Generalsrang, während ihre Stellvertreter und die Leiter der kleineren Büros als Stabsoffiziere entlohnt werden.

Schlüsselfigur im Zusammenwirken von US-Heereshauptquartier in Heidelberg und den regionalen US-Militärgemeinden einerseits mit Landesregierungen, Bürgermeistern und Bürokraten andererseits in den Bundesländern Hessen, Rheinland-Pfalz und Saarland ist Robert G. Shackleton. Der Zivilbeamte im Rang eines Generals bearbeitet aus seinem Büro am Wiesbadener Kaiser-Friedrich-Ring damit einen Stationierungsraum, in dem etwa die Hälfte der US-Streitkräfte in der Bundesrepublik disloziert sind.

Der über 60jährige leistet seit Jahren die diplomatische Kärrnerarbeit für die US-Streitkräfte im Wehrbereich IV, hält Kontakte zu allen Politikern und Beamten, die für die US-Streitkräfte wichtig sein könnten, wirbt Freunde und berät die jeweils neu hinzuversetzten Kommandeure der US-Verbände in politischen Fragen.

Robert G. Shackleton muß stets ein umfangreiches gesellschaftliches Programm absolvieren, was dem im diplomatischen Dienst groß Gewordenem nicht schwerfällt. Am 6. Februar 1987 begrüßt er als Präsident des deutsch-amerikanischen Clubs an seinem Stammtisch Frau Hilde Rittlemeyer, die Vorsitzende des Bundes der deutsch-amerikanischen Clubs. Am Tag darauf trifft er den CDU-Bürgermeister von Mainz, Professor Kurt Doerr, im Rathaus bei einer kleinen Willkommenszeremonie. Am 10. Februar 1987 bespricht er mit der Mainzer Karnevalsorganisation, Vertretern der Musikgruppe der 9. US-Infanteriedivision und der Air Force Einzelheiten des Rosenmontagszugs. Die beiden Bandleader werden dabei mit Faschingsorden dekoriert. Am 15. Februar 1987 geben er und dreißig Mitglieder des deutsch-amerikanischen Clubs einen Sektempfang für die New Yorker Operngruppe, die gerade in Mainz gastiert. Am 20. Februar feiert er im Osteiner Hof in Mainz, wo die Bundeswehr ihr Standortkasino hat, das jährliche Karnevalsfest des Mainzer deutsch-amerikanischen Clubs in Mainz. Am 28. Februar vertritt er den Club beim »Western Roundup« auf dem US-Flugplatz Mainz-Finthen.

Erst am 24. März 1987 widmet sich Shackleton wieder gesellschaftlichen Pflichten: Kaffee-Einladung für die Damen des Clubs auf die Mainzer Rheinterrassen. Am 27. März besucht er im Frankfurter Amerikahaus ein Treffen von Präsidenten deutsch-amerikanischer Clubs und diskutiert Probleme des deutsch-amerikanischen Studentenaustausches. Am Tag darauf besucht er einen Theaterstammtisch in Mainz.

Die Liste der Kaffeekränzchen und Empfänge, die Shackleton seitdem besucht hat, würde Seiten füllen und dem Gesellschaftsleben jedes k.u.k.-Ordonnanzoffiziers Konkurrenz machen. Ob es der Frankfurter Abend der Frankfurter Steuben-Schurz-Gesellschaft ist oder er als Jurymitglied bei einer Veranstaltung des Eltern- und Lehrerverbandes zusammen mit der Sponsorfirma Capri-Sonne wirkt, ob bei der Betreuung von Bonn-Besuchergruppen aus US-Soldaten oder bei den Willkommens- und Abschiedsfeiern für US-Kommandeure, Shackleton und seine beiden Mitarbeiter absolvieren ein farbiges PR-Programm.

Das Spektrum der PR-Aktivitäten wird parallel zum Anwachsen der Akzeptanzkrise der US-Streitkräfte in Westdeutschland immer größer. Am 13. April 1988 findet in Heidelberg erstmalig eine Konferenz für Spitzenpolitiker und Industrielle bei USAREUR statt. Die Herren Dieckvoss (FDP), Beck (SPD), Schmitt (SPD) und Klein (Schott-Werke Mainz) seien von der Professionalität der Vortragenden besonders beeindruckt gewesen, berichtet Shackleton am 20. Mai 1988. Vor allem angetan hatte es ihnen General Glenn Otis, der seinen Vortrag mit Zahlen und Fakten gespickt, aber ohne Notizen hielt. Solche Treffen, resümierten die Amerikaner, sollten häufiger mit wechselnden Besuchern stattfinden.

Am 23. März 1988 ist das USFLO beim Kuratorium »Ein Herz für Amerika« vertreten, wo Shackletons Stellvertreter Mitglied ist.

»Unkenntnis, Irrtum, Böswilligkeit und perfide Polit-Dramaturgie haben für uns existenzbedrohliche Ausmaße im Anti-Amerikanismus angenommen«, urteilte im Mai 1983 ein 79jähriger Landauer über die politische Auseinandersetzung in Rheinland-Pfalz um US-Atomwaffen und militärischen Tiefflug. Er tat dies im Namen eines Vereins, den er im November 1981 in Klein-Winternheim gegründet hatte: »Ein Herz für USA – Aktionsgemeinschaft deutsch-amerikanische Verbundenheit«. Der CDU-Fraktionsvorsitzende Hans-Otto Wilhelm nutzte 1983 die Chance, daraus ein Kuratorium zu machen, das mit zunächst 25 Mitgliedern »amerikaunfreundliche und amerikafeindliche« Strömungen zu bekämpfen antrat. Neben

CDU-Politikern zählten der Chefredakteur der Mainzer Allgemeinen Zeitung und Südwestfunk-Intendant Willibald Hilf zu den Kuratoriumsmitgliedern sowie als sozialdemokratisches Feigenblatt Peter Corterier, Staatssekretär im Auswärtigen Amt. Ihr Herz für Amerika entdeckten jedoch auch spendenfreudige Firmen von »Massa« bis »Rachengold«, während die pfälzische SPD vom Mißbrauch deutsch-amerikanischer Freundschaft sprach, um »die Rüstungs- und Kriegsvorbereitungspolitik der Reagans und Weinbergers zu unterstützen«. Im Jahre 1986 erlitt der Verein seinen ersten Rückschlag. Als die vierte Städtepartnerschaft von Hans-Otto Wilhelm zwischen Austin in Texas und Koblenz auf den Weg gebracht werden sollte, wehrte der Koblenzer Oberbürgermeister Willi Hörtner ab. So etwas müsse von unten wachsen und könne nicht oktroyiert werden.

Inzwischen sind nicht nur die Claqueure der Army stiller geworden, sondern auch die spendende Wirtschaft hält sich eher zurück. Während die Aktionsgemeinschaft von 1983 bis zum April 1988 600 000 DM für diverse deutsch-amerikanische Veranstaltungen vom Schulsportfest bis zu Seminaren für Bundeswehrsoldaten und GIs ausgeben konnte, geht dem »Herz für Amerika« in den Jahren danach das Geld aus. Am 22. Juli 1988 berät das Finanzkomitee. »Wir verteilten 5000 DM auf verschiedene Aktionen von Army und Air Force«, berichtet Shackleton über die Sitzung.

Zur großen Auftaktveranstaltung des Kuratoriums am 12. Juni 1983 in Worms schuf die Landesregierung eine rheinland-pfälzisch-amerikanische Verbundenheitsmedaille, die sogleich an 30 Personen ausgehändigt wurde. So wie die US-Streitkräfte seit dem Anfang der achtziger Jahre einen wohlgesonnenen Bürgermeister nach dem anderen mit Orden dekorierten, so werden nun möglichst namhafte Prominente über Medaillen in die Gemeinschaft der Freunde der uniformierten Vertreter Amerikas integriert.

Am 8. Mai 1988 besucht der USFLO die 34. deutsch-amerikanische Freundschaftswoche, wo Dieter Kronzucker – vormaliger ZDF-Korrespondent in den USA – die Lucius-B.-Clay-

Medaille erhielt, weil seine Fernsehsendung »Bilder aus Amerika« die deutsch-amerikanischen Beziehungen verbessert habe.

Auf Einladung des Stabschefs des V. US-Corps speist am 15. Juli 1988 der Vizepräsident der Deutschen Bank mit zwei US-Offizieren und Willy E. Lehninger. Dr. Kopper drückte dabei sein Interesse aus, deutsche Geschäftsleute für eine Unterstützung der US-Streitkräfte zu gewinnen. Seine amerikanischen Gastgeber erörterten mit ihm sogleich, welche Programme und Initiativen von dieser Unterstützung profitieren könnten.

Zum Panoptikum an Public Relations und Beziehungspflege gehören auch kleine Geschenke, die Shackleton verteilt. Am 30. Juli 1988 erhält so der Staatssekretär Johann Wilhelm Römer auf seiner Geburtstagsparty zum Fünfzigsten ein Präsent. Shackleton verschickt an Regierungsvertreter aus Hessen und Rheinland-Pfalz Gruppenfotos vom Festessen mit General Otis am 9. Juni 1988, besorgt dem hessischen Landwirtschaftsministerium Zelte für den Hessentag 1988 in Hofheim und die Ausstellung »Forst und Holz«, und vieles mehr, was dem Ansehen der Army nützt.

Aber auch mit solchen Problemfeldern wie »Müssen US-Streitkräfteangehörige Hundesteuer in den Kommunen entrichten?« wird im März 1988 Katzenfreund Shackleton behelligt.

Als Dienst an westdeutschen Politikern organisiert er einen Bundeswehrflug vom U.S. Air Field Finthen nach Jever im April 1988 mit dem Chef der rheinland-pfälzischen Staatskanzlei, Landtagsabgeordneten und Journalisten oder besorgt die bereits erwähnte Landeerlaubnis für Franz Josef Strauß auf der Army Air Base Wiesbaden-Erbenheim, als der bayerische Ministerpräsident zum CDU-Parteitag am 13. Juni 1988 nach Wiesbaden fliegen wollte.

Shackleton managt die Jagdquote von 10 Rehböcken für 1988, die den US-Streitkräften vom saarländischen Umweltminister zugewiesen wurde. Am 20. Juni begleitet Shackletons Assistent zwei hohe US-Offiziere zu der Staatsjagd, zu der Ministerialdirigent Schneider als Leiter der rheinland-pfälzischen Forstverwaltung eingeladen hatte. Die beiden US-Obristen waren bei der Jagd erfolgreich, vermerkt Shackletons Bericht vom 11. Juni 1988. Wegen anderer Jagdfreuden der Army bekommt Robert G. Shackleton eher Schwierigkeiten. Die Bezirksregierung von Rheinhessen-Pfalz beklagte sich im Mai 1988 darüber, daß amerikanische Piloten mit ihren Hubschraubern wiederholt Rotwild jagen. Das »Hunting Wild Game by Helicopter« wird den Hubschrauberführern schon von ihren Kommandeuren bei den Routinebelehrungen strikt verboten, schreibt Shackletons Assistent im Antwortentwurf für die rheinland-pfälzsiche Landesregierung, ohne zu merken, daß dies nur die Bestätigung für die Neigung der Piloten zur luftgestützten Jagd ist.

Manches regelt der USFLO direkt in seiner Funktion als US-Verbindungsmann, anderes in wechselnden Funktionen. So wurde Shackleton am 4. März 1988 zum zweiten Mal zum Vorsitzenden des deutsch-amerikanischen Clubs zu Mainz gewählt, einstimmig, wie er im Dienstbericht vermerkt. In der rheinland-pfälzischen Landeshauptstadt unterhält er ohnehin die besten Beziehungen. Unter dem CDU-Bürgermeister, Professor Kurt Doerr, zum Bürgermeister, unter dem SPD-Oberbürgermeister Hermann-Hartmut Weyel zum CDU-Beigeordneten, wiederum Kurt Doerr.

Vor allem wegen der regelmäßigen gesellschaftlichen Kontakte bei Radtouren, beim Kabarett, am Theaterstammtisch und bei vielen anderen Gelegenheiten ist Kurt Doerr, in dessen dienstliche Zuständigkeit auch die Zusammenarbeit von Stadt und Streitkräften ebenso wie die Zivilverteidigung fällt, von dem größtmöglichen Goodwill seines US-Partners Shackleton überzeugt, wenn es darum geht, die in Mainz überdurchschnittlich großen Belastungen durch die US-Garnison zu mildern.

Eher enttäuscht wäre der betont US-freundliche CDU-Politiker sicherlich, wenn er wüßte, wie das Shackleton-Büro mit den Interessen der Stadt Mainz umspringt, wenn es nicht um Karnevals-Kooperationen geht. So trafen sich am 19. Juli 1988 Vertreter der Stadt Mainz und der US-Streitkräfte zu einer

Besprechung über die Gestaltung der Autobahnausfahrt Gonsenheim im Bereich der Lee-Kaserne. Da der Vorschlag der US-Militärgemeinde, die Ausfahrt so zu legen, daß kein Kasernengelände benötigt werde, zusätzliche Kosten in Millionenhöhe bedeutete, schlug die Stadt Mainz vor, die Ausfahrt über das Gelände der Lee-Kaserne zu führen und an einer anderen Stelle den US-Streitkräften Ausgleichsgelände zu überlassen. Die Amerikaner versprachen, den Vorschlag zu prüfen und im August 1988 erneut auf die Stadt zuzukommen. Bei der anschließenden Besprechung in Shackletons Büro machte dessen Stellvertreter, der die Besprechung in Mainz geleitet hatte, einen anderen Vorschlag: Die US-Streitkräfte sollten doch nach anderen offenen und Mainz betreffenden kritischen Themen suchen. Aus dem Vorschlag der Stadt für den Autobahnanschluß und den anderen Problemfeldern könnte dann ein Paket geschnürt und eine Gesamtlösung gefordert werden. In seinem Bericht vom 8. August 1988 über die Aktivitäten des US-Verbindungsbüros in Rheinland-Pfalz und im Saarland teilt Shackleton stolz diese Idee zum Junktim dem Hauptquartier in Heidelberg mit.

Wie wertvoll das wache Auge der Verbindungsoffiziere für die Durchsetzung der Interessen der US-Streitkräfte ist, suggerierte Shackleton seinen Vorgesetzten auch, als es am 17. Mai 1988 in Spangdahlem um den Neubau eines Militärhospitals ging. Die vom Innenministerium in der Verbandsgemeindeverwaltung Speicher anberaumte Sitzung mit Vertretern der US-Streitkräfte und Kommunalpolitikern schien schwierig zu werden. Die Gemeinde Spangdahlem wollte, nachdem sie ein Drittel ihrer Fläche durch die Air Force und den Autobahnneubau verloren hatte, keine weiteren Flächen mehr für militärische Zwecke zur Verfügung stellen. Als die Planung vorgestellt wurde, erwies sich Shackletons Stellvertreter als Retter in der Not. In seinem Bericht vom 7. Juni 1988 hebt der Leiter des US-Verbindungsbüros hervor, daß sein Assistent einen Fehler in der Bauvorlage entdeckt habe. Nicht 2,2 Hektar würden für den Hospitalneubau gebraucht, sondern nur 1,76, da ein Teil des Gebäudes auf dem Air-Base-Gelände selbst liegt. »Wir nutzten diesen Flüchtigkeitsfehler, um die Reduzierung des Flächenbedarfs auf 1,76 Hektar als Kompromiß zwischen der Military Community und der deutschen Gemeinde darzustellen, damit der Bürgermeister eine Verhandlungsposition für seinen Gemeinderat hat. Der Bürgermeister drückte seine Befriedigung über diesen Kompromiß aus und versprach seine persönliche Hilfe«, rühmt Shackleton die Verhandlungstaktik der Amerikaner.

Bürgermeister Mohr erinnert sich an die Sitzung völlig anders. Er sei es gewesen, der bemerkt habe, daß der vorgesehene Standort einen kleinen Teil der bereits bestehenden Flugplatzfläche umfaßte. Als er die Amerikaner darauf aufmerksam machte, waren diese völlig verblüfft. Erst nach einigen Wochen erhielt Mohr dann eine freundliche Mitteilung, daß die benötigte Landfläche ja nun auf 1,76 Hektar reduziert sei und einer Zustimmung der Gemeinde zum Verkauf der Liegenschaften wohl nichts mehr im Wege stehe. Heute erklärt der Bürgermeister, die Ortsgemeinde Spangdahlem habe sich damals ruhig verhalten, weil ihnen ein Hospital gewissermaßen als Lärmschutz zum Flugplatz lieber sei als irgendwelche Bunker oder gar Atomdepots. Über ein Jahr hörte man in der Gemeinde nichts mehr von dem Hospitalprojekt. Im April 1990 erkundigte sich der Bürgermeister dann bei der Landesregierung, wie es um das Projekt stehe, und erfuhr, daß es nicht mehr realisiert werden soll.

Ohne diplomatische Umwege können die US-Streitkräfte mit den für die Realisierung ihres Landbedarfs und ihrer Baumaßnahmen wichtigsten Behörde umgehen, der jeweiligen Oberfinanzdirektion (OFD). Den 14 Oberfinanzdirektionen des Bundesfinanzministeriums unterstehen die Bundesvermögensämter, Grundherren dem Katasterauszug nach auch über alle Militärgelände, und die Staats- bzw. Finanzbauämter, die in Auftragsverwaltung die Hochbaumaßnahmen von Bund und Land realisieren – zu über 50 Prozent militärische Baumaßnahmen für Streitkräfte von sieben Nationen.

Wie wichtig diese Oberbehörden für die US-Streitkräfte sind, zeigt die Tatsache, daß der neue Kommandeur des V.

Corps der Oberfinanzdirektion Frankfurt am 21. Dezember 1989 einen Antrittsbesuch abstattet – einen Monat, bevor er Ministerpräsident Walter Wallmann erstmals die Ehre gibt. Begeistert berichtet Robert S. Garnett, Verbindungsoffizier für das Bundesland Hessen, über den Verlauf des einstündigen Besuchs: Nach den warmen Begrüßungsworten des Oberfinanzpräsidenten Dr. Lothar Müller-Lässig stellte US-General George A. Joulwan die Notwendigkeit des Ausbaus der engen Bindungen zwischen dem V. Corps und der OFD fest. Gerade die kürzlichen Entwicklungen in Europa, betonte der Corps-Commander, machten eine enge Zusammenarbeit zwischen amerikanischen und deutschen Verantwortungsträgern wichtiger als jemals zuvor.

Statt nachzufragen, warum nach dem Fall der Mauer und der Erosion der Streitkräfte des »potentiellen Gegners« nun noch bessere Kooperation als zu Zeiten des Kalten Krieges geboten sei, stimmten Dr. Müller-Lässig und der ebenfalls anwesende Finanzpräsident Carl-Ludwig Kresse in die Klage Joulwans ein, daß das deutsche Recht es selbst kleinen Gruppen gestatte, militärische Bauprojekte auf dem Rechtsweg zu verzögern. Der US-General nahm die Gelegenheit wahr, von seinen Gefährten im Leiden am Rechtsstaat gleich noch zwei Gefälligkeiten zu erbitten: Für die Infrastrukturmaßnahmen zur Stationierung des militärisch wichtigen Fernmeldesystems MSE (Mobile Subscriber Equipment = Mobiles Fernmeldesystem) im Camp Eschborn hätten die US-Streitkräfte erst sehr spät die deutschen Behörden zu informieren begonnen. Ob die OFD-Herren denn zu einer beschleunigten Abwicklung des Anhörungsverfahrens, möglichst bis zum März 1990 helfen könnten. Müller-Lässig versprach, sich entsprechend ins Zeug zu legen und nach Abschluß des Verfahrens soweit als möglich auch bei der Realisierung des Projekts zu helfen.

Bei der zweiten Bitte ging es um politisch Sensibles. Seit August 1989 soll die Stadt Frankfurt ihre Stellungnahme zu zwei Bauvorhaben in der sowjetischen Militärmission in Frankfurt-Niederrad abgeben. Weil die Frankfurter Baubehörde sich aber nicht mit einem Plan der Anlage zufriedengegeben hatte, sondern eine Ortsbesichtigung vornehmen wollte, war es bereits zu Verzögerungen gekommen. Zwar hatten die städtischen Beamten das Projekt freundlicherweise als Umbau statt als Neubau deklariert, um nicht das Einverständnis der Nachbarn einholen zu müssen, aber das Verfahren sei insgesamt zu langsam. Die Stadt Frankfurt sei immer sehr langsam, wenn es um Anhörungsverfahren zu militärischen Baumaßnahmen gehe, erläuterten die Herren der OFD ihrem amerikanischen Gesprächspartner, aber sie würden alles tun, um das Verfahren zu beschleunigen.

Zum Schluß bat Joulwan die OFD um ihre fortgesetzte und verstärkte Hilfe bei der Überzeugungsarbeit gegenüber lokalen deutschen Behörden, daß die US-Streitkräfte große Anstrengungen zum Schutz der Umwelt bei Manövern und im Dienstbetrieb unternehmen, und er schlug vor, daß die ohnehin enge Zusammenarbeit durch häufigere offizielle Begegnungen noch gestärkt werden sollte. Müller-Lässig und Kresse versprachen, diesen Vorschlag aufzugreifen.

Die Bindungen der US-Streitkräfte an die Oberfinanzdirektionen sind so eng, daß selbst die gemeinschaftliche Täuschung der Öffentlichkeit zur Tagesordnung gehört. In Bayern hat Michael Warner, Verbindungsmann der US-Streitkräfte, der zuvor U.S. Liaison Officer in Bremerhaven war, sein Büro praktischerweise gleich im zweiten Stock des Gebäudes der Oberfinanzdirektion.

Bei aller Vielfalt von Kontakten zu Bürgermeistern und Behörden sind die drei Landesregierungen im Wehrbereich IV die eigentlichen Ansprechpartner für die US-Streitkräfte und ihren USFLO. Mit seiner allzu vertrauensvollen Zusammenarbeit mit der Landesregierung von Ministerpräsident Bernhard Vogel hatte Shackleton 1987 auch seine erste PR-Niederlage erlitten. Weil die rheinland-pfälzische Landesregierung von der SPD-Opposition ständig bestürmt wurde, sich bei den US-Streitkräften für eine Suspendierung des Programms zur Privatisierung von Dienstleistungen (ROCAS) einzusetzen, leistete Shackleton der wackligen CDU-Mehrheit 1986 Wahlhilfe durch die Empfehlung, das ROCAS-Programm erst nach den

Wahlen in Rheinland-Pfalz in Gang zu setzen. Schwierig wurde die Lage für ihn, als sein diesbezüglicher Bericht vom 21. Juli 1986 ein Jahr später durch Indiskretion bekannt wurde:

»Dies ist ein Wahljahr. ROCAS spielt direkt der ÖTV und der rheinland-pfälzischen SPD-Führung in die Hände, die nichts unversucht lassen werden, um die Vogel-Regierung in Verlegenheit zu bringen und in die Defensive zu drängen. Egal, was die Vogel-Regierung (wenn überhaupt) zu ROCAS unternimmt, werden die ÖTV und die rheinland-pfälzische SPD behaupten, die Regierung ignoriere das Problem und unternehme nichts, um die Interessen der ortsansässigen Belegschaft zu schützen. ÖTV-Kräfte werden ROCAS benutzen, um ihre Position zu verstärken; es ist ein praktischer Aufhänger, um ihrer Gefolgschaft Entschlossenheit zu demonstrieren, die Rechte der Arbeitnehmer auf ihren Arbeitsstellen zu schützen, will die ÖTV kein Gespräch mit USAREUR, weder über ROCAS noch über einen möglichen Stellenabbau führen. Sie würde dies eher als Wahlthemen nutzen.

Ich empfehle, kein ROCAS-Programm in Rheinland-Pfalz durchzuführen, bis nach den Landtagswahlen, die für März 1987 festgesetzt sind... Die gegenwärtige Regierung Vogel ist uns wohlgesonnen, und es liegt nicht in unserem Interesse, etwas zu unternehmen, das die unsichere 51,9-Prozent-Mehrheit, die 1983 erzielt wurde, schwächt. Die SPD hat die Probleme der US-Streitkräfte mit beträchtlicher Wirkung gegen die Vogel-Regierung benutzt. Sie führt Kampagnen, um Landerwerbung für US-Wohngebiete in Kaiserslautern und Mainz zu blockieren; sie leistet erbitterten Widerstand gegen die Lagerung chemischer Waffen im Land; sie macht den Tieffluglärm der US-Luftwaffe in Europa zum Streitpunkt; sie ist gegen die Stationierung von Marschflugkörpern in Wüschheim.«

Bevor diese militärkritische Haltung der Landes-SPD möglicherweise Regierungspolitik würde, mußte Shackleton alles daran setzen, der CDU-Landesregierung zu helfen, auch wenn er damit gegen das Zusatzabkommen zum NATO-Truppenstatut verstieß (siehe Exkurs, S. 56f.).

Das Saarland gehört zwar ebenso zu dem Verantwortungsbereich des USFLO in Wiesbaden wie Hessen und Rheinland-Pfalz, aber mit dem sozialdemokratisch regierten Bundesland hat Shackleton wenig zu tun: Keine Geschenke für die saarländische Ministerialbürokratie, kaum Besprechungen mit Beamten, keine gesellschaftlichen Verpflichtungen treiben ihn nach Saarbrücken. Aus dem Umweltministerium des Saarlandes erhält er jedoch häufig Post. Ein Naturschutzgebiet nach dem anderen wird dort über Jahre hinweg eingerichtet und für Manöver gesperrt. Weil die US-Streitkräfte in Lafontaines Ländle nur vier Depots unterhalten und wenige Manöver durchführen, leitet Shackleton die Sperrgebietsmeldungen klaglos an die US-Heeresverbände weiter.

Im August 1988 schickt er seinen Assistenten zum saarländischen Innenministerium, um mit dem Regierungsdirektor Dillenburg über Munitionstransporte über die Bundesbahn im Saarland zu diskutieren, den Innenminister zum Großmanöver REFORGER '88 einzuladen und die Übungen der Pershing-II-Verbände 1989 im Saarland abzustimmen, weil Übungen mit Atomwaffenträgern viel Polizeischutz erfordern.

Eine Einladung erhält der saarländische Innenminister wie sein rheinland-pfälzischer Kollege im Oktober 1988 über Shackleton zu einem Seminar des 56. US-Feldartilleriekommandos. Der Pershing-II-Verband wollte die Verantwortlichen in den Innenministerien mit den Problemen rückwärtiger Gefechtsoperationen und ihres Einflusses auf den Atomwaffenverband vertraut machen. Nur – den tieferen Sinn und die Wichtigkeit dieses Themas konnte Shackleton den Betroffenen nicht vermitteln. Geheim mußte schließlich bleiben, daß in einem Spannungsfall die Atomraketen nicht in der Nähe ihrer baden-württembergischen Friedensgarnisonen in Stellung gehen. Aus Angst, von sowjetischen Speznats-Truppen, eingeflogenen Spezialverbänden in Zivil oder in NATO-Uniformen, noch vor einem Raketenabschuß aufgespürt und angegriffen zu werden, planten die US-Streitkräfte, ihre Pershing II im deutsch-luxemburgischen und deutsch-französischen Grenzgebiet kompanieweise zu verteilen. Dort, so hofften die Amerikaner, würden die russischen Rangers die weit genug reichenden Atomraketen gar nicht erst suchen.

Exkurs: Das Gebot des Völkerrechts

Politische Abstinenz von fremdstationierten Streitkräften

Die rechtliche Situation der Stationierung ausländischer, insbesondere amerikanischer Streitkräfte bestimmt sich nach völkerrechtlichen Grundsätzen. Danach besitzt in aller Regel immer nur ein Staat die Herrschaftsgewalt innerhalb seines Staatsgebietes.[1] Dieser Grundsatz führt zu einer universellen Geltung nationalen Rechts, die alle auf dem Staatsgebiet befindlichen Personen und Einrichtungen umfaßt. Der Grundsatz unterliegt jedoch Einschränkungen durch das Völkerrecht, durch völkerrechtliche Verträge sowie nationales Recht.

Eine Einschränkung betrifft die Personalhoheit, so daß in bezug auf Truppenstationierung fremder Truppen folgende verbreitete völkerrechtliche Auffassung herrscht: Der Entsende- bzw. Heimatstaat muß die Gebietshoheit des Aufenthaltsstaates, der Aufenthaltsstaat muß die Personalhoheit des Entsende- bzw. Heimatstaates achten.[2] Diese Auffassung gilt, soweit es sich um eine vertragliche Truppenstationierung handelt, also z. B. nach dem NATO-Truppenstatut (NTS). Solche Verträge konkretisieren regelmäßig auch die eben dargestellten völkerrechtlichen Grundsätze, deren Ausgestaltung von der jeweiligen Macht und Interessenlage der beteiligten Staaten abhängt.[3]

Das Recht der Stationierung fremder Truppen in der Bundesrepublik wird aber nicht nur durch das NTS definiert, vielmehr bestehen auch heute noch Vorbehaltsrechte der Alliierten für Berlin und Deutschland im ganzen, die sich aus Artikel 4 Absatz 2 Satz 1 Deutschlandvertrag[4] (DV) sowie aus dessen Zusatzverträgen[5] ergeben. Zwar wurde der Bundesrepublik durch den Deutschlandvertrag die Souveränität über ihre inneren und äußeren Angelegenheiten eingeräumt (Artikel 1 Deutschlandvertrag), die Drei Mächte haben aber die Rechte und Verantwortlichkeit in bezug auf Berlin und Deutschland als Ganzem einschließlich der Wiedervereinigung und einer friedensvertraglichen Regelung weiter innebehalten (Artikel 2 Deutschlandvertrag). Der Deutschlandvertrag selbst ist unkündbar und unterliegt nur der sogenannten Revisionsklausel des Artikel 10. Danach überprüfen die Unterzeichnerstaaten bei einer Wiedervereinigung Deutschlands oder einer sonstigen grundlegenden Änderung den Vertrag erneut. So erstaunt es auch nicht weiter, daß der NATO-Vertrag von einer »Stationierung von Streitkräften in der Bundesrepublik Deutschland« spricht, während im Deutschlandvertrag sowohl von einer »Stationierung in der Bundesrepublik Deutschland« als auch von »Stationierung von Streitkräften in Deutschland« die Rede ist.[6] Die Stationierung im Bundesgebiet steht neben den Drei Mächten auch Belgien, Dänemark, Kanada, Luxemburg und den Niederlanden zu.[7]

Die Bindung der fremden Streitkräfte an die Rechtsordnung der Bundesrepublik ergibt sich speziell aus dem im NATO-Truppenstatut (NTS) niedergelegten Grundsatz, der damit allgemeine völkerrechtliche Grundsätze konkretisiert:

Artikel 2 NTS legt folgende Grundregeln fest: »Eine Truppe und ihr ziviles Gefolge, ihre Mitglieder sowie deren Angehörige haben die Pflicht, das Recht des Aufnahmestaates zu achten und sich jeder mit dem Geiste dieses Abkommens nicht zu vereinbarenden Tätigkeit insbesondere jeder politischen Tätigkeit im Aufnahmestaat zu enthalten. Es ist außerdem die Pflicht des Entsenderstaates, die hierfür erforderlichen Maßnahmen zu treffen.«

Fraglich bleibt nach der dargestellten rechtlichen Situation, ob die stationierten Streitkräfte in den Situationen, wo das NTS ihnen Grenzen setzt, auf ihre Rechte aus dem Besatzungsrecht zurückgreifen können. Können die Streitkräfte die für sie günstigere Regelung zur Umgehung bundesdeutschen Rechts bzw. bundesdeutscher Beteiligung wählen, oder sind sie an die Regelungen des NTS und des

Zusatzabkommens gebunden? Hier soll nachgewiesen werden, daß ein Handlungsspielraum für Abweichungen vom NTS bzw. dem Zusatzabkommen nicht im Belieben der fremden Streitkräfte steht, daß vielmehr ausschließlich jede Handlung, jedes Vorhaben, jedes Verhalten am Wortlaut und am Geiste des NTS einschließlich des Zusatzabkommens zu messen ist. Die Argumentation folgt weitgehend der u. a. von Dieter Deiseroth[8] entwickelten Positionen.

Selbst wenn politisch und rechtlich umstritten ist, ob die alliierte Truppenpräsenz in der Bundesrepublik (»ob«) neben ihrer völkerrechtlichen Grundlage[9] und Artikel 1 Absatz 1 Aufenthaltsvertrag weiterhin eine besatzungsrechtliche Wurzel hat[10], richtet sich die Rechtsstellung dieser Truppen während ihres Aufenthalts in der Bundesrepublik (»wie«) ausschließlich nach Bestimmungen des NATO-Truppenstatus und des Zusatzabkommens nebst Unterzeichnungsprotokoll und Folgevereinbarung:[11]

1. In den Jahren 1952 bis 1955 hatten die drei Westmächte darauf gedrängt, daß sich ihre Rechtsbeziehungen zu den deutschen Behörden nicht nur nach dem NATO-Truppenstatut richten, sondern um Bestimmungen ergänzt werden sollten, die für die besonderen Verhältnisse[12] der stationierten Streitkräfte erforderlich schienen. Diese besonderen Bestimmungen waren die Vorbehaltsrechte gemäß Artikel 4 Absatz 2 in Verbindung mit Artikel 2 des Deutschlandvertrags. Da es bis zum 5. Mai 1955, dem Tag seines Inkrafttretens, nicht zu einem fertig ausgehandelten Vertrag gekommen war, wurde der sogenannte Truppenvertrag mit Nebenabkommen in Kraft gesetzt, der vom Zusatzabkommen zum NATO-Truppenstatut (ZA-NTS) am 1. Juli 1963 abgelöst wurde. Daraus ergibt sich, daß es der »Bestimmungen in bezug auf besondere Verhältnisse« (gemeint sind die besonderen Rechte in bezug auf Berlin und Deutschland als Ganzem) im Artikel 8 Absatz 1b des Deutschlandvertrags und der langjährigen Verhandlungen über das ZA-NTS nicht bedurft hätte, wenn diese nicht eine Bindung für die

stationierten Truppen und die Alliierten bedeutet hätten. Demnach sind die Regelungen des ZA-NTS für die Drei Mächte bindend. Sonderrechte würden auch der mit dem Zusatzabkommen intendierten Absicht widersprechen, die Rechtsbeziehungen zwischen den deutschen Behörden und den ausländischen Streitkräften verbindlich zu regeln.

2. Ein Schriftwechsel zwischen dem damaligen Bundeskanzler Adenauer und den drei Hohen Kommissaren vom Oktober 1954 belegt weiter, daß der sogenannte Deutschlandvorbehalt (Artikel 4 Absatz 2) im Deutschlandvertrag nur in bezug auf die sowjetische Position vorbehalten wurde. Die drei Hohen Kommissare erklärten, daß ihre »Regierungen das in Frage stehende Recht nicht dahingehend auslegen, als erlaube es den drei Mächten, von ihren der Bundesrepublik Deutschland in den heute unterzeichneten Verträgen gegenüber eingegangenen Verpflichtungen abzuweichen«.

3. Weiter hat sich die Situation seit der UN-Mitgliedschaft der beiden deutschen Staaten geändert. Nach Artikel 2 Absatz 1 der UN-Charta ist als grundlegendes Prinzip die »souveräne Gleichheit« aller Mitgliedstaaten verankert, die uneingeschränkt zu achten sei und dem auch im zwischenstaatlichen Verhalten Rechnung getragen werden müsse. Beschränkungen dieser »souveränen Gleichheit« sind als Ausnahmen von diesem fundamentalen Prinzip anzusehen und damit juristisch eng auszulegen (Regel-Ausnahme-Prinzip) und einer ausdehnenden Interpretation nicht zugänglich.

Entsprechend ist der Grundsatz unstrittig, nach dem völkerrechtliche Verträge im Zweifel so auszulegen sind, daß die Souveränität möglichst wenig eingeschränkt wird. Soll dies geschehen, so muß es ausdrücklich vertraglich formuliert sein.

Wenn nach völkerrechtlichen Grundsätzen deutsches Recht Anwendung findet, wie verhält es sich bei Handlungen und Maßnahmen, insbesondere z. B. baulicher Art, die ausländische Truppen auf deutschem Boden vornehmen wollen?

Grundsätzlich gilt, daß die Behörden des Aufnahmestaates keine Hoheitsakte (z. B. Verwaltungsakte) gegen Organe und Truppen der Entsendestaaten vornehmen dürfen. Damit kann deutsches Recht nicht mittels des deutschen Verfahrensrechtes gegen ausländische Truppen, die auf deutschem Boden stationiert sind, durchgesetzt werden.

Jedoch können Maßnahmen der ausländischen Streitkräfte, die nach deutschem Recht der Zustimmung oder Genehmigung der zuständigen Instanzen bedürfen, nur dann von den ausländischen Truppen durchgeführt werden, wenn diese zuvor das Einvernehmen[13] mit den zuständigen Behörden hergestellt haben.[14]

Nach den eben aufgeführten Argumenten sind die auf deutschem Boden stationierten ausländischen Truppen an deutsches Recht und an die getroffenen Vereinbarungen des NATO-Truppenstatuts samt Zusatzabkommen sowie die ergänzenden Bestimmungen gebunden. Naturgemäß entstehen über Verträge, insbesondere bei unbestimmten Formulierungen, immer Auslegungsschwierigkeiten, jedoch gilt auch hier, soweit die staatliche Souveränität der Bundesrepublik betroffen ist, das Gebot der engen Auslegung.

Neben der Beachtung des Rechts des Aufnahmestaates haben die Truppen und Organe der ausländischen Streitkräfte »sich jeder mit dem Geiste dieses Abkommens nicht zu vereinbarenden Tätigkeit, insbesondere jeder politischen Tätigkeit im Aufnahmestaat zu enthalten«.

In der Schriftenreihe Atlantic Series[15] schreibt G. I. A. D. Draper zu den Bestimmungen des Artikels 2: »Dies ist ein sehr notwendiges Verbot. Die Entsendemacht hat die Erlaubnis zum Betreten des Territoriums des Gastlandes unter der Maßgabe sicherzustellen, daß die Stationierungsmacht die einheimische Gesetzgebung respektiert, sich allem enthält, was dem Geist des Abkommens widerspricht, und sich insbesondere jeglicher politischer Aktivitäten im Aufnahmeland enthält. Ob dieses Verbot auch politische Aktivitäten einschließt, die politische Maßnahmen sowohl des Entsendestaates als auch des Empfängerlandes betreffen, ist nicht eindeutig klar. Aber der Wortlaut des Artikels ist ausreichend weit gefaßt, daß er beide Formen von Aktivitäten einschließt...

Wenn dies dennoch geschieht, ist es die Pflicht der Vereinigten Staaten, alle Schritte zu unternehmen, um eine Wiederholung zu verhindern; wenn dies nicht gelingt, ist die stellvertretende Verantwortung des Gastlandes gefordert. Im Normalfall werden solche Angelegenheiten durch eine Entschuldigung erledigt, durch die Gewährleistung, daß sie nicht wiederholt werden, und unter Umständen durch die Zahlung einer Entschädigung...

Im Falle eines offenkundigen und dauernden Bruchs von Artikel 2 durch ein Mitglied oder ein ehemaliges Mitglied des zivilen Gefolges oder eines Familienangehörigen ist der Empfängerstaat gehalten, die nötigen Schritte zu unternehmen, um sicherzustellen, daß der Entsendestaat zur Verantwortung gezogen wird, gemäß Artikel 3 (5) den Beschuldigten in sein Hoheitsgebiet zu überführen oder auf irgendeine andere Art und Weise aus dem Gebiet des Empfängerstaates abzuschieben...«[16]

Anmerkungen

1 Vgl. u. a. Helmut Ridder: Art.: Gebietshoheit. In: Wörterbuch des Völkerrechts, 2. Auflage, 1. Band 1960, S. 624ff., 625.

2 Vgl. Dieter Deiseroth, Günter Offczors: Fremde Truppen im eigenen Land, Kurzstudie des Forschungsinstituts für Friedenspolitik e. V., Starnberg 1984, S. 15.

3 Vgl. dazu auch Helmut Rumpf: Das Recht der Truppenstationierung in der BRD, 1969, S. 15.
Eva-Brigitte Heger: Die rechtliche Stellung ausländischer Truppen und ihrer Mitglieder im Gebiet verbündeter Staaten, Göttingen 1959.

4 Vertrag über die Beziehungen zwischen der BRD und den Drei Mächten

(Deutschlandvertrag) vom 26. Mai 1952/23. Oktober 1954 (BGBl. 1955 II S. 305, 628), in Kraft getreten am 5. Mai 1955.

5 Vertrag zur Regelung aus Krieg und Besatzungszeit entstandener Fragen (Überleitungsvertrag) vom 26. Mai 1952/23. Oktober 1954 (BGBl. 1955 II S. 2215, 405, 628).

6 Vgl zu »in Deutschland« Artikel 4 Absatz 2 Satz 1 in Verbindung mit Artikel 2 Satz 1 Deutschlandvertrag und »in BRD« Artikel 4 Absatz 1 Deutschlandvertrag bzw. Nordatlantikvertrag (NATO-Vertrag) vom 4. April 1949/15. Oktober 1951 (BGBl. 1955 S. 289, 620).

7 Vgl. Vertrag über den Aufenthalt ausländischer Streitkräfte in der BRD (Aufenthaltsvertrag) vom 23. Oktober 1954 (BGBl. 1955 II S. 253, 630).

8 Vgl. Dieter Deiseroth: Zur Rechtsstellung der Gaststreitkräfte in der BRD, Anlage A4. In: Gleichberechtigte Partnerschaft im Bündnis. Dokumente der Anhörung der SPD-Fraktion am 23. August 1989 in Bonn, Bundeshaus.
Vgl. Dieter Deiseroth, Günter Offczors: Fremde Truppen im eigenen Land, Kurzstudie des Forschungsinstituts für Friedenspolitik e. V., Starnberg 1984, S. 15.

9 (Artikel 4 Absatz 2 Satz 2 und 3 DV).

10 (Artikel 4 Absatz 2 Satz 1 in Verbindung mit Artikel 2 DV).

11 Vgl. Dieter Deiseroth: Zur Rechtsstellung der Gaststreitkräfte in der BRD, Anlage A4. In: Gleichberechtigte Partnerschaft im Bündnis. Dokumente der Anhörung der SPD-Fraktion am 23. August 1989 in Bonn, Bundeshaus.

12 Vgl. Artikel 8 Absatz 1b DV.

13 Einvernehmen setzt voraus, daß das Einverständnis eines anderen Gesetzgebungsorgans bzw. einer anderen Behörde vor einem Gesetzes- oder Verwaltungsakt herbeigeführt werden muß. Benehmen als Gegenbegriff setzt dagegen nur die Stellungnahme der anderen Behörde voraus, ohne daß Bindung an das Einverständnis besteht. Aus: Creifelds, Rechtswörterbuch, 8. Auflage, München 1986.

14 Vgl. Dieter Deiseroth, S. 59. In: Gleichberechtigte Partnerschaft im Bündnis. Dokumente der Anhörung der SPD-Fraktion am 23. August 1989 in Bonn, Bundeshaus.

15 Eine Sammlung von Studien, deren Themen sich mit der NATO-Vertragsorganisation beschäftigt.

16 G. I. A. D. Draper, Lektor am King's College der Universität London, Barrister-at-Law: Fellow of the North Atlantic Treaty Organisation, Civilians and the Nato Status of Forces Agreement, Leyden 1966.

»Landesherren«

Konspiration auf christdemokratisch

Dreizehn Monate nach seiner Wahl zum hessischen Ministerpräsidenten, am 17. Mai 1988, empfing Walter Wallmann in seiner Staatskanzlei erstmals offiziell den Kommandeur des V. Corps, Generalleutnant John W. Woodmansee, den seine Stabsoffiziere »Smiling Jack« tauften.

Der Verbindungsbeamte der US-Streitkräfte zur Landesregierung berichtet dazu am 2. Juni 1988 an die USAREURin Heidelberg: »Dies war der erste offizielle Besuch des Kommandierenden Generals, seit Dr. Wallmann im April 1987 sein Amt antrat. Der Büroleiter Wallmanns, Dr. Sammler (SPD), der regionale USFLO, Mr. Lehninger, und sein Assistent, Herr Herfurth, waren auch anwesend. Das 90minütige Treffen lief in einer freundlichen und höflichen Atmosphäre ab. General Woodmansee und Dr. Wallmann lernten sich besser kennen, und letzterer wurde über unsere üblichen Fragen und Probleme informiert. Diskutierte Themenbereiche waren die Wiesbaden Air Base, Umweltinitiativen der US-Streitkräfte, laufende und zukünftige Bauprojekte, Besuchsrechte von Zivilisten auf dem Standortübungsplatz Lampertheim und die steigende Arbeitslosenquote in Hessen ...«

Daß Wallmanns Büroleiter Wolfgang Sammler Mitglied der SPD ist, vermerken die monatlichen Berichte der US-Verbindungsoffiziere stets. Und gerade zu ihm unterhalten sie enge Beziehungen. So vermerkt Robert G. Shackleton in einem Bericht vom 17. Mai 1988 unter der Überschrift »Wichtige Aktivitäten bei deutsch-amerikanischen Beziehungen«, daß er und sein deutscher Assistent Herfurth für Sammler am 13. Mai 1988 ein festliches Frühstück ausrichteten.

Das Ende der roten Herrschaft über Hessen schätzte Shackletons Mitarbeiter Willy E. Lehninger am 4. Mai 1987 gedämpft positiv ein. Es sei zwar noch zu früh, die Auswirkungen des Regierungswechsels für die US-Streitkräfte zu beurteilen, und man dürfe sich keinen Hoffnungen auf eine schnelle Lösung aller Probleme der US-Streitkräfte in Hessen hingeben, aber – formuliert der US-Verbindungsoffizier – »wir werden sicher die Erfahrung machen, daß die neue Regierung den Interessen der US-Streitkräfte freundlicher gegenübersteht und bereitwilliger gemeinsame Probleme sachlich lösen wird, gerade in Verbindung mit geplanten Baumaßnahmen und Manövern«. Ausführlich würdigt Lehninger auch seinen neuen Ansprechpartner in der Staatskanzlei, Gauland.

In den folgenden Monaten entwickelte sich zwischen Staatssekretär Gauland und Shackleton ein intensiver Arbeitskontakt. Über Empfänge und Gesellschaften, Telefonate und Besprechungen waren beide ständig im Gespräch. So konnte der US-Verbindungsoffizier schon bald damit rechnen, daß Gauland ihn über die jeweilige Haltung der Landesregierung etwa zur Reaktivierung der U.S. Air Base Wiesbaden-Erbenheim oder über andere Probleme vorab informieren würde.

Beim Antrittsbesuch von General George A. Joulwan, des neuen Kommandeurs des V. Corps, im Januar 1990 wurden, wie zwei Jahren zuvor, fast dieselben Problemfelder zwischen Wallmann und dem US-Militär erörtert. Glaubt man der Erklärung von Wallmanns Pressesprecher Rolf Müller, war die Besprechung weniger harmonisch als noch 1987. Wallmann forderte einen Ausbaustopp für alle Militäranlagen in Hessen. Die Ausbaupläne für die Übungsplätze Seulingswald bei Bad Hersfeld und Lampertheim bei Viernheim, die Reaktivierung des Army Airfields in Wiesbaden-Erbenheim, der Ausbau des Gießener US-Depots und einer Schießbahn in Wildflecken müßten dahingehend überprüft werden, ob eine militärische Nutzung dieser Standorte überhaupt noch erforderlich sei. Joulwan, hieß es in Müllers Erklärung, habe Wallmann nicht widersprochen. Schon bei der Kommandoübernahme von seinem Vorgänger am 15. August 1989 hatte der US-General seinem Stab zwei Dinge versprochen: Die Gefechtsbereitschaft des Corps müsse aufrecht erhalten und die Sensibilität im Umgang mit den Belangen der deutschen Bevölkerung gewahrt bleiben.

Konkrete Zusagen machte der Kommandeur Wallmann

nach dessen Darstellung aber nur in einem Punkt: keine Rodungen im Seulingswald.

Der Ministerpräsident schien damit nicht nur auf die Forderung der SPD-Landtagsfraktion nach einem Moratorium bei militärischen Großprojekten eingeschwenkt zu sein, sondern auch gleich einen ersten Erfolg für sich verbucht zu haben. Doch wenige Tage später dementierten die US-Streitkräfte, eine Bestandsgarantie für den Seulingswald abgegeben zu haben.

Die Staatskanzlei reagierte auf das amerikanische Dementi nicht öffentlich. Der Grund liegt auf der Hand: Nicht das erste Mal hatte Wallmann nach Gesprächen mit hohen US-Militärs eine andere Version der Gesprächsergebnisse veröffentlicht, als die US-Streitkräfte bestätigen konnten und wollten. Solche Verständigungsprobleme zwischen Wallmann und den amerikanischen Freunden waren 1989 besonders deutlich geworden und gefährlich zudem, weil in Hessen Kommunalwahlen bevorstanden. Sie betrafen den Fliegerhorst der Army in Erlensee bei Hanau im Main-Kinzig-Kreis.

Der Fliegerhorst Erlensee wurde 1934 im Zuge eines landesweiten Ausbauprogramms für die Hitler-Luftwaffe gebaut. 1942 wurden Häftlinge des KZ-Außenkommandos des SS-Sonderlagers Hinzert, vor allem Polen, Luxemburger und Franzosen, zu Ausbau- und Rodungsarbeiten auf dem Fliegerhorst eingesetzt, 1943/44 sowjetische Zwangsarbeiterinnen und griechische Zwangsarbeiter. In den beiden letzten Kriegsjahren des Zweiten Weltkriegs wurde der Flughafen durch die Alliierten angegriffen. Wie viele der Zwangsarbeiter Luftangriffen zum Opfer fielen, ist unbekannt. Der 1945 von den US-Streitkräften okkupierte Fliegerhorst Erlensee umfaßt heute 248 Hektar und ist damit eines der größten Airfields des V. Corps.

Die in Erlensee stationierte 4. Heeresfliegerbrigade wurde im Rahmen der Umstrukturierung der 3. US-Panzerdivision im Februar 1986 neu aufgestellt und faßt vier vorhandene Verbände unter ihrem Kommando zusammen: die 189. General Support Aviation Company, das 308. Aviation Battailon, das

503. Aviation Battailon und die 57. Combat Aviation Company.

Sowohl die Antwort der Bundesregierung auf eine Kleine Anfrage des Abgeordneten Vogt und der Fraktion der Grünen vom 10. Oktober 1984 als auch amerikanische Kommandeure der 4. Brigade betonen, »daß die Neubildung allein aus dem gegenwärtig vorhandenen Bestand aufgestellt wurde. Die Umstrukturierung sei nicht mit einer Erhöhung der Truppenstärke oder der Waffenzahl verbunden«. Schon die Begründung für den Neubau eines Unterkunftsbereichs für 100 Soldaten im Jahre 1986 für eine Heeresfliegerkampf- und eine Heeresfliegerwartungskompanie sowie die Tatsache, daß die Kopfstärke der Brigadestabskompanie ca. 180 Soldaten umfaßt, macht deutlich, daß beide Aussagen nicht den Tatsachen entsprechen. Vielmehr war bereits gegen Ende der siebziger Jahre eine Neuordnung der Heeresfliegerkräfte geplant, die auch die personelle und materielle Ausstattung verbessern sollte. »Das Heeresfliegerbataillon verfügt dann insgesamt über 133 Hubschrauber (vorher 87). Das bedeutet eine ca. 50prozentige Steigerung der Heeresfliegerkapazität«, lobt die Fachzeitschrift *Truppenpraxis* die Kampfkraftsteigerung der US-Streitkräfte.

Bei der Umgliederung der US-Divisionen ist dann nicht nur ein Heeresfliegerbataillon entstanden, sondern eine Brigade, der drei Bataillone und zwei selbständige Kompanien unterstellt sind, die pro Division insgesamt 133 Hubschrauber haben wird, 21 in Büdingen und 112 in Hanau.

Seit die Bevölkerung im Großraum Hanau den Modernisierungsprozeß bei den US-Heeresfliegerkräften am eigenen Leib verspürte, regte sich massiver Widerstand gegen alle Stationierungs- und Ausbaupläne der US-Streitkräfte – zunächst in einigen Bürgerinitiativen und der regionalen Friedensbewegung, dann auch bei den überwiegend sozialdemokratischen Amtsträgern in den Kommunen und im Kreis. Im November 1988 reichte der Kreis beim Verwaltungsgericht in Frankfurt sogar eine Feststellungsklage ein, weil der Fliegerhorst ohne luftverkehrsrechtliche Genehmigung betrieben würde.

Am 13. Oktober 1988 hatte der Landrat des Main-Kinzig-Kreises, Karl Eyerkaufer, in einer Sitzung des deutsch-amerikanischen Exekutivausschusses die anwesenden US-Offiziere noch einmal deutlich vor zusätzlichen Hubschrauberstationierungen in Erlensee gewarnt. Eine Erweiterung des US-Flugplatzes werde es nicht geben, hatten ihm dabei seine Gesprächspartner zugesagt.

Am Vortag, dem 12. Oktober 1988, trafen sich Stabsoffiziere des V. Corps und der Leiter des US-Verbindungsbüros zur Landesregierung in Hessen, Willy E. Lehninger, um über die Verlegung der AH-64-APACHE-Hubschrauber der 5-6. Cavalry von Mannheim zu Übergangsstandorten auf dem Maurice Rose Airfield in Frankfurt-Bonames und Hanau-Erlensee zu diskutieren. Da das Bundesverteidigungsministerium die Stationierung der Hubschrauber in Wiesbaden zum 28. Oktober 1988 nicht genehmigt hat, zwang nach Ansicht der Herren der Ausbildungsbedarf der Piloten des ersten APACHE-Bataillons zu diesem Schritt.

Am 14. Oktober 1988 traf der Wallmann-Berater Pippert den US-Verbindungsoffizier Robert Shackleton, um die Tagesordnung für die Gespräche zwischen der Hessischen Landesregierung und dem V. Corps am 8. November im Kloster Eberbach festzulegen. Über Hubschrauberverlegungen erfuhr er von dem Amerikaner nichts.

Zehn Tage später informierten Lehninger und der Leiter des Verbindungsbüros zu den drei Landesregierungen im Wehrbereich IV (Hessen, Rheinland-Pfalz und Saarland), Robert Shackleton, den Chef der Hessischen Staatskanzlei, Dr. Gauland, über die Pläne des V. Corps, zeitweise 21 Helikopter der 5-6. Cavalry von Mannheim zum Fliegerhorst in Hanau zu verlegen und vierzehn weitere nach Frankfurt-Bonames, einem kleineren US-Flugplatz.

Gauland brachte seine Bedenken gegen den vorgelegten Plan zum Ausdruck und bemerkte, daß eine solche Maßnahme zu ernsthaften politisch-militärischen Schwierigkeiten führen werde, besonders zu einer Zeit, in der eine Kompromißlösung bevorstehe. Der Staatssekretär äußerte widerstrebend das Einverständnis seiner Regierung zur Stationierung von 21 Hubschraubern in Büdingen und zur zeitweisen Verlegung von 21 Hubschraubern nach Hanau. Er hatte aber starke Einwände gegen die zeitweise Verlegung nach Frankfurt-Bonames.

Mit ihrer Absicht, auch in Bonames für Wiesbaden-Erbenheim vorgesehene Hubschrauber zu stationierten, straften sich die US-Streitkräfte selbst der Lüge. Als die Stadt Frankfurt im März 1988, aufgeschreckt durch Presseberichte über ein Anwachsen der Hubschrauberzahlen auf dem Maurice-Rosé-Airfield, sich besorgt an das US-Verbindungsbüro wandte, informierte sie der für Hessen zuständige Verbindungsoffizier Lehninger, daß zwar zwischen dem Bundesverteidigungsministerium und USAREUR viele alternative Standorte im Gespräch seien, aber Frankfurt-Bonames sei nie als Ausweichplatz zur Unterbringung von für Wiesbaden bestimmten Hubschraubern in Betracht gezogen worden.

Die Bedenken der Landesregierung übersandte Gauland ebenfalls am 24. Oktober 1988 an den Kommandeur des V. US-Corps, Generalleutnant Woodmansee. In seinem Antwortbrief setzte der Chef des Corpsstabes dagegen, daß die Stationierung der Fluggeräte notwendig für die Kriegsführungs- und Aufklärungsfähigkeit innerhalb des Fulda-Gaps – der lebenswichtigen Invasionsroute – sei, die das V. Corps schützt. Das APACHE-Hubschrauberbataillon sei wichtig für die konventionelle Abschreckung der überlegenen Panzerkräfte des Warschauer Paktes in Osteuropa. Zudem wurde Gauland informiert, daß die US-Streitkräfte die zeitweise Verlegung der 14 Hubschrauber nach Frankfurt-Bonames bis zur ersten Novemberwoche verzögern würden. Zugleich spielte der Chef des Stabes den Ball zurück: Die hessische Landesregierung möge doch einen anderen Vorschlag zur zeitweisen Verlegung der Hubschrauber und zu den Problemen, die in Zusammenhang mit der geplanten Stationierung der übrigen Fluggeräte auf der Wiesbadener Air Base stehen, unterbreiten.

In der 1136 errichteten Zisterzienserabtei Kloster Eberbach, die heute hessisches Staatsweingut ist, intrigierten und meuchelten 1985 nicht nur die Mönche aus der Romanverfilmung von »Der Name der Rose«. Diese Perle des Rheingaus war auch Begegnungsstätte für das German-American Advisory Council am 8. November 1988. Doch war der Ort vor allem deshalb passend gewählt, weil der unterirdische Atombunker des Klosters als Sitz der Hessischen Landesregierung für den Kriegsfall dienen soll.

Mit Vorträgen über die finanziellen Folgewirkungen der Pläne der US-Streitkräfte und ihre steigenden Ausgaben für den Umweltschutz wurden Wallmann und sein Stab eingangs auf die Sympathie für die US-Streitkräfte eingeschworen. Bei der Debatte um Manöverschäden in Hessen konnte Innenminister Milde dann auch gleich richtigstellen, daß die Übungen der US-Streitkräfte entgegen anderslautenden Fehlinformationen kein wachsendes Problem seien, obwohl die US-Großübung REFORGER '88 nur wenige Wochen vorher Schäden in noch nie dagewesenem Ausmaß mit sich gebracht hatte.

Bevor sich Wallmann für die Informationen bedankte, gab es ein Briefing über Hubschrauberstationierungen, das den Bestand im Jahre 1988 und weitere Stationierungsplanungen erläuterte. Mit Leidenschaft – betont die US-Niederschrift der Sitzung im Kloster Eberbach – wandte sich Wallmann gegen eine Nullösung bei der Hubschrauberstationierung in Erbenheim und betonte, daß die Klage Hessens gegen 181 geplante Fluggeräte am Rande der Großstadt Wiesbaden sich eigentlich nicht gegen die Pläne der Amerikaner richte, sondern nur die Rechtslage zwischen Bundes- und Landesregierung betreffe.

Am 8. Dezember 1988 veröffentlichten zahlreiche in Hessen erscheinende Zeitungen das Ergebnis einer Kreisbereisung des Main-Kinzig-Kreises durch Ministerpräsident Wallmann. Auf seiner Pressekonferenz hatte der verkündet, für Erlensee sei eine endgültige Obergrenze von 112 Hubschraubern mit US-General Crosbie E. Saint, dem Oberbefehlshaber der U.S. Army in Europa, vereinbart worden. Selbst in einem Schreiben an Landrat Eyerkaufer vom 28. April 1989 blieb Wallmann bei dieser Darstellung. Er wolle, versicherte er, sich weiterhin mit Nachdruck dafür einsetzen, daß die ihm zugesagte Obergrenze von 112 Hubschraubern in Erlensee eingehalten werde.

Auf den Bericht der *Frankfurter Allgemeinen Zeitung* vom 8. Dezember 1988 über Wallmanns Aussagen auf der Pressekonferenz im Main-Kinzig-Kreis reagierte Robert G. Shackleton sofort mit einem Anruf beim Leiter der Hessischen Staatskanzlei. Er warf Gauland vor, daß die Begriffe »Obergrenze« und »Limit« suggerierten, daß der Ministerpräsident und der Oberkommandierende des US-Heeres in Europa eine Übereinkunft über die Zahl von Hubschraubern getroffen hätten, die zukünftig überhaupt in Erlensee stationiert werden dürften. Das sei jedoch nicht der Fall, und die US-Streitkräfte könnten der Verletzung einer Vereinbarung bezichtigt werden, wenn sie mehr als 112 Hubschrauber stationierten.

Gauland verteidigte seinen Chef. Über Stationierungspläne könnten das Verteidigungsministerium oder die US-Streitkräfte Auskunft geben, nicht ein Ministerpräsident. Wallmann hätte nur über die Zahl an Hubschraubern gesprochen, die General Saint nach Erlensee verlegen wolle, und über die Verschonung von Bonames. Schließlich wäre der Ministerpräsident kein Fachmann für US-Stationierungsangelegenheiten und hätte doch eine höchst erfolgreiche Leistung erbracht, da er die Tür für die Stationierung zusätzlicher Hubschrauber in Erlensee geöffnet habe. »Wallmann ist sehr zufrieden über seine Zusammenarbeit mit uns, und wir sollten uns zurückhalten, seine Wortwahl bei der Pressekonferenz zu diskutieren, auf der er unsere Interessen vorangebracht hat«, notierte Robert Shackleton in einem Memorandum am 12. Dezember 1988 über das Gespräch mit Gauland.

Die Diskrepanz zwischen Wallmanns Aussage, daß endgültig nicht mehr als 112 Hubschrauber in Erlensee stationiert werden, und der Ausweichstationierung von AH-64-Hubschraubern für Wiesbaden, die in dieser Zahl nicht enthalten sind, beunruhigte nicht nur die fluglärmgeplagten Menschen im Main-Kinzig-Kreis. Aufgeschreckt durch die Nachfrage des Pressereferenten von Landrat Eyerkaufer, Sülzer, ob er eine Kopie der Übereinkunft zwischen Wallmann und Saint zur Begrenzung auf 112 Hubschrauber in Erlensee bekommen könne, entfalteten Robert G. Shackleton und der US-Presseoffizier Walter Nebgen in Frankfurt sowie Dr. Sammler, der Leiter des Wallmannbüros, heftige Aktivitäten. Sülzer wird zunächst am Telefon vom Pressesprecher des V. Corps Nebgen mit der Auskunft abgespeist, es gäbe keine schriftliche Vereinbarung, und an Shackleton sowie die hessische Staatskanzlei verwiesen. Als Sülzer daraufhin Shackleton anruft, verweist der ihn wiederum an die Adresse der Staatskanzlei.

Jerry Moeller, Offizier in der Heidelberger Stabsabteilung für Gastlandaktivitäten, erhält eine telefonische Vorwarnung von Shackleton, daß der Pressesprecher des den US-Streitkräften extrem kritisch gegenüberstehenden Landrats, der auch gerade auf der Suche nach Wahlkampfthemen sei, ihn in dieser Gelegenheit anfragen könnte.

Shackleton telefoniert daraufhin mit Sammler, Staatssekretär Gauland ist erkrankt, und informiert ihn über den Vorstoß aus dem Hanauer Landratsamt. Sammler wiederum klopft die Haltung der Landesregierung fest: 1. Eine schriftliche Vereinbarung gibt es nicht. 2. Wallmann sagte die Wahrheit. 3. Die Information über die Zahl kam von den US-Streitkräften.

Dennoch schlägt der Leiter des Wallmannbüros Alarm. Er fürchtet, daß der Inhalt des Briefs von Saint an Wallmann vom 9. Januar 1989 durchgesickert sein könnte. Wallmann stünde dann als Lügner da, läßt er den US-Verbindungsoffizier wissen. Das müsse unter allen Umständen verhindert werden, zumal in diesem März Wahlen anstehen.

Shackleton erkundigt sich besorgt, wie viele Kopien des Briefes es gäbe. Sechs bis sieben, schätzt Sammler, und der Verbindungsoffizier rät ihm, sie alle zur besseren Kontrolle zurückzuholen. Doch seine Hilfsbereitschaft geht noch weiter. Er werde alles tun, um der Landesregierung bei der Lösung des Problems zu helfen, wenn der Vorgang öffentlich werde. Bei seinem nächsten Telefonat mit Sammler hört Shackleton erleichtert, daß der Pressereferent des Hanauer Landrats bei seinem Anruf in der Staatskanzlei bei einer untergeordneten Angestellten mit der Auskunft abgeblitzt sei, sie wisse nichts von einer Vereinbarung.

Der Grund für Sammlers und Shackletons Sorge ist Saints

listiger Brief an Wallmann vom 9. Januar 1989. Er beginnt zunächst mit seinem herzlichen Dank für Wallmanns Unterstützung bei der Hubschrauberstationierung der US-Streitkräfte in Hessen, die in dem Satz gipfelte: »Solange ich im Amt bin, wird es bei Verteidigungsfragen keine Nullösung in Hessen geben.« Saint macht der Presse im folgenden den Vorwurf, den Ministerpräsidenten falsch verstanden zu haben. Zwar hatte der Leiter der Staatskanzlei, Gauland, bereits mehrfach beim US-Verbindungsbüro Hessen geltend gemacht, Wallmann sei schließlich kein Militärexperte und habe daher die Zwischenlösung mit dem Endstand verwechselt, aber der Neujahrsgruß von Saint läßt Wallmann nicht aus der Dementipflicht. In den entscheidenden Passagen lautet er: »Da scheint es dennoch einen Punkt zu geben, an dem die Presse einen falschen Schluß aus Ihrer öffentlichen Stellungnahme zog. Der Artikel der *Frankfurter Allgemeinen Zeitung* vom 8. Dezember formuliert, der hessische Ministerpräsident Wallmann ... kündigte an, daß die Zahl der auf dem Fliegerhorst zu stationierenden Hubschrauber auf 112 begrenzt wird, ein Rückgang von ursprünglich 150 Fluggeräten. Wallmann sagte, daß diese Obergrenze vor einigen Tagen mit dem US-Kommandeur vereinbart worden sei. Wie Sie wissen, beschäftigten wir uns in unserer Unterhaltung nicht mit genauen Zahlen, aber ich instruierte meinen Verbindungsoffizier, Herrn Robert Shackleton, Sie mit genauen Zahlen zu Ihrem Gebrauch zu versorgen. Herr Shackleton versorgte Ihren Stab mit zwei Zahlen: 151 und 112 Fluggeräte. 151 ist die größte Anzahl von Fluggeräten, die wir jemals, und zwar 1988, stationiert hatten; 112 ist die Zahl an Luftfahrzeugen, die zeitweilig auf dem Fliegerhorst stationiert ist mit den 13 Fluggeräten, die wir zunächst zeitweilig nach Bonames verlegen wollten.

Unglücklicherweise scheint die Presse gefolgert zu haben, daß die Zahl 112 eine Obergrenze der Stationierung für eine unbestimmte Zukunft ist. Was mich betrifft, so könnten wir gezwungen sein, mehr Luftfahrzeuge als ursprünglich geplant auf anderen Heeresflugplätzen im Bereich des V. Corps zu stationieren, wenn wir keine zusätzlichen Fluggeräte in Wiesbaden-Erbenheim stationieren können. So werden wir sicherlich bereits die Zahl von 112 Luftfahrzeugen auf dem Fliegerhorst überschreiten, wenn das erste APACHE-Bataillon für die 3. Panzerdivision im nächsten Herbst auf dem Gefechtsfeld eintrifft, ohne daß sich die Stationierungslage in Wiesbaden geändert hat.

Ich bin nicht sicher, was getan werden kann, um diese Sache in der Öffentlichkeit richtigzustellen. Ich habe nicht die Absicht, mit diesem Thema an die Öffentlichkeit zu gehen. Aber ich möchte nicht angefochten werden, falls wir gezwungen sind, eine bestimmte Zahl in Zukunft zu überschreiten.

Ich weiß, daß unsere Hubschrauberstationierungsprobleme für Sie politisch sensibel sind, und bedaure, daß unsere Anstrengungen, moderne, einsatzbereite und vorn stationierte Streitkräfte zu erhalten, in der öffentlichen Meinung oft als unvereinbar mit den gegenwärtigen Entwicklungen im Ost-West-Verhältnis angesehen werden. Aber Sie und ich wissen, daß ein Hauptgrund für die realen Verbesserungen im politischen und militärischen Verhältnis der Blöcke darin liegt, daß die NATO jede Bedrohung und Erpressung sowie die Versuchung zurückgewiesen hat, in den letzten vierzig Jahren in ihrer Wachsamkeit nachzulassen. Ihre fortgesetzte Unterstützung für unsere Modernisierungsanstrengungen ist in dieser Beziehung sehr wertvoll.«

Während der US-Offizier Moeller aus Heidelberg vor der Wahl in Hessen noch telefonisch die Zahl 112 als Endstand für Erlensee bestätigt, nimmt der Kommandierende General des V. Corps, US-General Woodmansee, Ende Mai 1989 diese Information wieder zurück: »Als Ergebnis der Besprechung zwischen Ministerpräsident Wallmann und dem Kommandierenden General der US-Truppen in Europa, General Saint, wird die Anzahl der in Hanau-Erlensee stationierten Flugzeuge 112 nicht überschreiten, bis anschließend über die Hubschrauberstationierung auf dem Wiesbadener Flugplatz entschieden ist. Anschließend werden Ministerpräsident Wallmann und General Saint wieder zusammenkommen, um über die Höchstgrenze für Erlensee zu diskutieren.«

Wieder einmal haben die US-Streitkräfte ihre Informationspolitik auf die Machtinteressen der CDU abgestellt. Bis zum Wahltermin wurde Wallmann zwar unter Druck gesetzt, aber nach außen hin wurde der CDU-Politiker gedeckt, weil die US-Streitkräfte in konservativ bestimmten Kommunal-, Kreis- und Landesparlamenten einen zwar schon schwankenden, aber immer noch kooperativen Partner finden.

Der Landrat des Main-Kinzig-Kreises hatte erst aus der Gerüchteküche erfahren, daß 21 für Wiesbaden-Erbenheim bestimmte Hubschrauber von Mannheim nach Erlensee verlegt werden sollten. Seine Nachfrage bei den US-Streitkräften und in der Staatskanzlei bestätigten erst in letzter Minute das Anwachsen der Fluglärmbelastung im Großraum Hanau. Die hessische Staatskanzlei war demgegenüber lange vorher informiert und hat den politisch unliebsamen Landrat nicht informiert, sondern die Stationierung in Erlensee solange verschwiegen, bis die Betroffenen vor vollendeten Tatsachen standen.

Als im Mai 1990 die eigentlich nur als Tischvorlage für den Oberkommandierenden der Army in Europa bestimmte Aktennotiz über die Telefongespräche zwischen der Hessischen Staatskanzlei und den US-Vertretern beim Bezirksparteitag der SPD in Hessen von der SPD-Bundestagsabgeordneten Heidemarie Wieczorek-Zeul an die Presse gegeben wird, löst das in Heidelberg und Wiesbaden wiederum hektische Aktivitäten aus. Zuerst halten es die Amerikaner sogar für möglich, daß die Papiere aus der unberechenbar gewordenen Umgebung Wallmanns selbst gestreut wurden, um die Position der Amerikaner bei den Verhandlungen über eine Truppenverminderung in Hessen zu schwächen. Doch schon bald gehen die amerikanischen Geheimdienste anderen Spuren nach, die in den Büros der beteiligen US-Pressestellen zu Empörung bei den Verdächtigten führen, aber zu keinem gesicherten Ergebnis.

Mittlerweile tun Alexander Gauland und Wolfgang Sammler jedoch alles, um den ersten Verdacht der Amerikaner zu erhärten. Sie bestreiten nicht, die Telefonate geführt zu haben, erklären mit Blick auf die SPD nur, die Veröffentlichung sei

»eine merkwürdige Art des Umgangs miteinander«. Beide Vertreter der Landesregierung bestreiten jedoch, von sich aus den Kommunalwahlkampftermin bei der Diskussion um die Hubschrauberstationierung ins Gespräch gebracht zu haben. Wenn das Datum der Kommunalwahl gefallen sei, dann von der US-Seite.

Was Wallmanns Berater damit anrichten, ist ihnen offensichtlich zunächst nicht bewußt. Artikel 2 des Zusatzabkommens zum NATO-Truppenstatut verbietet den Entsendestreitkräften jede politische Aktivität, insbesondere die Einmischung in Angelegenheiten des Gastlandes (siehe Exkurs, S. 56f.). Stimmte die Darstellung von Gauland und Sammler, so könnte Robert G. Shackleton ein Jahr, bevor er in den Ruhestand tritt, aus der Bundesrepublik ausgewiesen werden. Daß sie stimmt, ist mehr als zweifelhaft, denn Shackleton formulierte in seinem Memorandum: »Während meiner Unterhaltung mit Dr. Sammler sagte er erneut – wie schon Gauland –, daß bei Bekanntwerden des Inhalts des Briefes vom Kommandeur von USAREUR Wallmann als Lügner erscheinen würde, und daß dies angesichts der bevorstehenden Märzwahlen um jeden Preis vermieden werden müsse.« Gauland wiederum wird wörtlich mit dem Begriff »Katastrophe« zitiert, die einträte, wenn man Wallmanns Version einer Vereinbarung zwischen ihm und General Saint diskutierte.

»Sehr geehrter Herr Ministerpräsident«, schreibt der Viernheimer Bürgermeister Norbert Hofmann im Februar 1990 an Walter Wallmann.

»Einer Meldung der Hessenschau vom 7. Februar 1990 zufolge soll die 8. Infanterie-Division der US-Armee in Bad Kreuznach, zu der insgesamt 12 000 Soldaten gehören, im Zuge des von US-Präsident Bush vorgeschlagenen Truppenabbaus in Europa aus der Bundesrepublik abgezogen werden. Da zu der 8. Infanteriedivision auch die in Mannheim stationierte 3. Panzerbrigade zählt, hätte dies natürlich nicht unerhebliche Auswirkungen auf den militärischen Übungsbetrieb in unserem ›Panzerwald‹.

Die Bevölkerung unserer Region hat diese Nachricht verständlicherweise mit Freude zur Kenntnis genommen. Wenn sich die Meldung bewahrheiten sollte, dann dürfte sich das Problem der militärischen Nutzung des Viernheimer/Lampertheimer Waldes möglicherweise bald von selbst erledigen.«

Barsch wird dieser Brief von Ministerpräsident Wallmann abgebügelt – wie auch schon der vorherige, in dem Hofmann geschrieben hatte:

»Ich warne davor, die Meinung der Bürger auf die leichte Schulter zu nehmen. Die Menschen haben vor allem in Anbetracht der veränderten weltpolitischen Lage überhaupt kein Verständnis für eine Intensivierung militärischer Übungen, schon gar nicht auf Kosten der Umwelt.«

Wallmanns Antwort: »Ich habe mich stets aus Verantwortung für das Ganze gegen populistische Forderungen nach Null-Lösungen ausgesprochen. Wie oft wird vergessen, daß wir den Streitkräften unserer Verbündeten zunächst einmal Dank für ihren jahrzehntelangen Beitrag zur Sicherheit unseres Landes schulden. Es gibt unbestreitbare Belastungen durch militärische Übungen, aber sie haben ihren Sinn und Hintergrund, den ich aus Überzeugung anerkenne.«

Briefe, die der hessische Ministerpräsident dem aufmüpfigen Bürgermeister von Viernheim schreibt, werden nicht nur in der Staatskanzlei abgelegt. Als Wallmann auf den Brief Norbert Hofmanns vom 15. September 1988 antwortet, schickt die Staatskanzlei eine Kopie des Schreibens des Ministerpräsidenten an das US-Verbindungsbüro. Shackleton hebt die NATO-treue Antwort Wallmanns in seinem Bericht vom 7. Dezember 1988 nach Heidelberg besonders hervor. Besonders gefällt ihm, daß Wallmann Stil und Denken des Briefes des Bürgermeisters an ihn als höchst unangemessen rügt.

Doch unter dem öffentlichen Meinungsdruck gegen die Folgen der Präsenz von US-Truppen in Hessen, sah sich Wallmann schon manches Mal zu populistischen Kompromissen gezwungen. Als am 26. September 1989 ein US-Kampfhubschrauber vom Typ AH-64 APACHE bei Lipporn in eine Stromleitung flog und abstürzte, schrieb Wallmann dem Oberbefehlshaber des US-Heeres in Europa, General Saint. Mit Nachdruck bat der Ministerpräsident, daß »von seiten der amerikanischen Streitkräfte alles getan wird, damit bei Übungsflügen von US-Maschinen von und nach Wiesbaden die Sicherheit der hessischen Bevölkerung voll gewährleistet bleibt«. Der Leiter des US-Verbindungsbüros Hessen Robert S. Garnett, Willy Lehningers Nachfolger, schätzt den Wallmannbrief an Saint am 12. Oktober 1989 als reines Alibischreiben (»cover-yourself«-letter) ein – mit ein bißchen mehr Emphase als üblich, wie Garnett betont.

Im Mai 1990 wendet sich Wallmann scheinbar endgültig: Öffentlich verlangt er die Verlegung des V. Corps aus der Mainmetropole. Über ihre langfristigen Pläne für eine amerikanische Militärpräsenz in der Bundesrepublik haben ihn die amerikanischen Freunde offenbar völlig im Dunkeln gelassen. Erste Überlegungen des Oberkommandos des US-Heeres in Europa in Heidelberg, welche Struktur ein am Ende der neunziger Jahre noch verbleibendes 100 000-Mann-Heer der Vereinigten Staaten in der Bundesrepublik haben könnte, laufen nämlich darauf hinaus, als Kommandobehörde für die geschrumpften US-Divisionen nurmehr eines statt bisher zweier Corps zu belassen: das V. Corps in Frankfurt. Das VII. Corps in Stuttgart soll aufgelöst werden und die baden-württembergische Landeshauptstadt nur noch das EUCOM (European Command) behalten. Davon wiederum ahnte auch Oberbürgermeister Manfred Rommel noch nichts. Das IG-Farben-Gelände in Frankfurts City steht damit selbst nach der Halbierung des US-Heeres in Westdeutschland nicht zur Disposition, seine Bedeutung als Befehlszentrum des US-Heeres wächst noch.

Davon hat Walter Wallmann auch nichts erfahren, als er Ende Mai 1990 nach Washington flog, um Abrüstung in Hessen einzufordern. Der hessische Ministerpräsident folgte dem rheinland-pfälzischen Kollegen Wagner als Abrüstungspilger in die Hauptstadt der Vereinigten Staaten. Da Carl-Ludwig Wagner auf Beamtenebene abgespeist wurde und seine Forderungen nach Räumung von 20 US-Liegenschaften in Rheinland-Pfalz sogar nur schriftlich loswerden konnte, hatte Wallmann vorsichtshalber die Erwartungen an seinen USA-Trip gedämpft: Allenfalls Bewußtsein wolle er bilden, für Probleme sensibilisieren. Seinen Wunschzettel hatte er deshalb auch behutsam getitelt: »Ideen der hessischen Landesregierung zum geplanten Abzug der US-Streitkräfte in Hessen«.

Wallmanns Vorsicht beruhte auf Erfahrung. Bereits in der letzten Maiwoche des Jahres 1988 hatte er eine Reise in die Vereinigten Staaten unternommen. Für viele sah dies wie eine Flucht vor dem Presseecho auf seine Aussagen vor dem Atom-Untersuchungsausschuß des Bundestages aus, bei dem Wallmann in den Verdacht gekommen war, Verstöße gegen den Atomwaffensperrvertrag verschleiert zu haben. Bei den Reisevorbereitungen hatten der Leiter der Staatskanzlei, Gauland, und das US-Verbindungsbüro eng zusammengearbeitet, da der hessische Ministerpräsident in den USA auch Fragen der US-Truppenpräsenz erörtern wollte. Dennoch war Wallmanns USA-Trip ein Mißerfolg. Er fiel kürzer aus als geplant, weil die gewünschten Gesprächspartner, nämlich Vertreter des US-Außenministeriums, für den hessischen Ministerpräsidenten nicht zur Verfügung standen. Den Hintergrund dazu lieferte wiederum Willy E. Lehninger, als er am 18. Mai 1988 im Frankfurter US-Konsulat an der wöchentlichen Stabsbesprechung teilnahm. Da insbesondere das US-Außenministerium den Transfer von Nukleartechnik aus der Bundesrepublik mit Sorge sieht, war nicht zu erwarten, daß Wallmann dort ein gerngesehener Gast war. Als Vorwand für die Presse gab es denn auch einen ganz anderen Besuchsgrund für Wallmanns USA-Trip: Er sei in den US-Bundesstaat Wisconsin zum Small talk mit dem Gouverneur und anderen Politikern geflogen, da Hessen seit 1976 eine Partnerschaft mit Wisconsin unterhalte.

Doch 1990 landete der hessische Ministerpräsident tatsächlich in der Wisconsin Avenue im Hotel Georgetown Inn in Washington D.C. Durch zahlreiche Telefonate von Kanzlerberater Horst Teltschik vorab für die Nöte westdeutscher Ministerpräsidenten in Zeiten geschwundenen Bedrohungsbewußtseins sensibilisiert, wurde Walter Wallmann sowohl von

US-Verteidigungsminister Cheney und seinem Stellvertreter Atwood als auch von General Scowcroft, dem Sicherheitsberater des Präsidenten, empfangen. Wie zufällig schüttelte ihm in Scowcrofts Büro selbst Präsident George Bush die Hand und begrüßte ihn als von Kohl empfohlenen Freund der Amerikaner.

Außer den Artigkeiten erhielt der hessische Ministerpräsident auch die bislang von Heidelberg verweigerte Zusicherung, daß eine Konsultationsgruppe eingerichtet werde, in die Hessen auf Staatssekretärebene seine Vorstellungen einbringen könne. Pikanterie am Rande: Dort begegnen sich dann wieder Staatssekretär Alexander Gauland und Jerry Moeller, der Abteilungsleiter für Beziehungen zu den Landesregierungen bei USAREUR, die beim Abschluß der Wallmannreise gerade wegen des Presseskandals um die Veröffentlichung von Telefonnotizen auf Distanz zueinander gegangen sind.

Zudem sagten die Amerikaner dem Ministerpräsidenten aus Wiesbaden eine Verlängerung des Moratoriums beim Bau amerikanischer Militäreinrichtungen in Hessen zu, meldete die *Frankfurter Allgemeine Zeitung* am 20. Mai 1990. Die *Frankfurter Rundschau* wollte es etwas genauer berichten. Das Moratorium wurde um bloße 45 Tage verlängert. Gerade lang genug, um beim nächsten, für den Juli vorgesehenen Besuch Wallmanns wieder akuten Gesprächsstoff zu haben.

In Nöte bringt ihn auf seiner Pressekonferenz am Dienstag, dem 22. Mai 1990, in der deutschen Botschaft die Frage, ob nicht seine Forderung nach Schließung von US-Stützpunkten in den Ballungsräumen Frankfurt und Wiesbaden andernorts zum Ausbau von Ersatzstandorten führe. Tapfer betont er, daß dem so sei, und daß es Pflicht und Schuldigkeit der Landesregierung sei, sich dem zu stellen.

An welcher Front er sich dabei stellen muß, hat während seiner Abwesenheit der US-Botschafter in der Bundesrepublik, Vernon Walters, in einem Brief an den Landtagsabgeordneten Lothar Klemm deutlich gemacht. Der US-Fliegerhorst Erlensee wird schon bald für 111 Millionen DM ausgebaut, um die Verteidigungsfähigkeit der NATO nach der Schließung und

Ausdünnung von amerikanischen Standorten weiterhin zu gewährleisten. Gerade für Erlensee aber verkündete Wallmann eine feste Vereinbarung mit General Saint, daß die Zahl von 112 Hubschraubern dort nicht überschritten wird. Noch vor den hessischen Landtagswahlen im März 1991, so wird der hessische Ministerpräsident hoffen, werde in Washington sein Appell zur Regelung von Stationierungsfragen auf offene Ohren stoßen: »Wir müssen einander helfen.«

Die Zusammenarbeit zwischen den Staatskanzleien in Wiesbaden und Mainz mit dem Büro Shackleton geht auch in anderen Bereichen über die gesellschaftlichen Kontakte und den Informationsaustausch hinaus. Erreicht etwa die Hessische Staatskanzlei ein Protestbrief eines Wiesbadener Bürgers, der sich darüber beschwert, daß selbst am Sonntag, dem 28. Februar 1988, intensiver Flugbetrieb zur Wiesbadener Air Base stattfand, holt diese sich ihre Antwort beim US-Verbindungsbüro. Was Shackleton der Staatskanzlei riet, steht später unverändert im Antwortschreiben an den Bürger: Natürlich hielten sich die US-Streitkräfte an ihre Betriebszeiten in Wiesbaden. Am 28. Februar 1989 sei jedoch Manöver gewesen, Caravan Guard '89, und für Manöver gelten die üblichen Beschränkungen nicht.

Wenn sich dagegen Landtags- oder Bundestagsabgeordnete mit Fragen zu Angelegenheiten der US-Streitkräfte an eine amerikanische Dienststelle wenden, werden sie auf den richtigen Dienstweg verwiesen. Die Staatskanzlei oder die Bundesregierung seien für die Beantwortung zuständig, die Streitkräfte nach NATO-Truppenstatut zur politischen Enthaltsamkeit verpflichtet. Doch hinter den Kulissen bearbeiten dann doch die US-Dienststellen die Anfragen. Im Mai 1987 schickte USAREUR der Hessischen Staatskanzlei eine Antwort auf die Anfrage des SPD-Landtagsabgeordneten Bücker über den Flugsimulator und die Stationierungsdichte in Wiesbaden-Erbenheim. Im Oktober 1988 beantwortete das US-Verbindungsbüro nach Rücksprache mit dem Hauptquartier der US-Luftwaffe auf Bitten des rheinland-pfälzischen Innenministeriums zwei Anfragen der Grünen-Landtagsfraktion. Für den

Ministerpräsidenten Bernhard Vogel erarbeitete Shackleton eine Antwort auf die Frage, warum vom US-Flugplatz Spangdahlem verstärker Fluglärm ausgeht. Nicht, daß Vogel selbst an einem Affront interessiert war, Oppositionsführer Rudolf Scharping hatte den Ministerpräsidenten um Auskunft gebeten, die der einholte und an seinen Gegenspieler im Landtag weiterleitete.

Kleine und große Anfragen sind zentrale parlamentarische Rechte der Abgeordneten zur Kontrolle der Regierung. Die konservativen Landesregierungen in Hessen und Rheinland-Pfalz aber haben auf die Flut von Anfragen zu Problemen mit den US-Streitkräften in den beiden Bundesländern nichts anderes getan, als die Antworten der US-Streitkräfte übersetzt und ungeprüft an die Parlamente weitergeleitet.

Dasselbe Schicksal, bei Anfragen an höhere Dienststellen in Militärangelegenheiten als Antwort nur die Übersetzung der eingeholten US-Position zu bekommen, erleidet die Hessische Staatskanzlei aber auch selbst, wenn sie sich an das Verteidigungsministerium wendet. Am 6. Mai 1988 waren der Flugoffizier des V. US-Corps, Fachleute aus der Abteilung Infrastruktur von USAREUR und der US-Verbindungsoffizier Willy E. Lehninger bei einem leitenden Beamten auf der Hardthöhe, um Antworten auf die Anfrage der Hessischen Staatskanzlei zum Flugbetrieb auf der Wiesbadener Air Base zu entwickeln.

»Pluralis Majestatis«

Ein Bürgermeister fällt um

Kurz bevor John R. Galvin, damals kommandierender General des VII. US-Corps, Anfang 1985 Heidelberg in Richtung Panama verließ, wurde der jetzige NATO-Oberbefehlshaber sentimental. »Wir haben es versäumt, auf die Deutschen zuzugehen«, vertraute er der BILD-Zeitung an, »wir haben das Land mit lauter Klein-Amerikas bebaut – kleinen Ghettos mit US-Kirche, US-Schule, US-Pizza, US-Softeis und US-Echtzeit-TV via Satellit.« Man möchte mit Galvin den generalen Weltschmerz teilen. Laut BILD hat der US-General »zwei Heimatländer«, macht »Radtouren zu euren Kirchen und Schlössern« und will als Rentner zwei Wohnungen haben: »Eine für den Frühling und Sommer in Schwaben, die andere in Amerika.«

Öffentliche Liebeserklärungen dieser Art kommen an im Stationierungsland. Klartext zum deutsch-amerikanischen Verhältnis liest man dagegen in der internen USAREUR-Studie aus dem Jahr 1983: »Es ist ziemlich offensichtlich, daß wir einen Zermürbungskrieg führen gegen jene physischen und sozialen Kräfte, die versuchen, uns zunehmend unsere Freiheit einzuschränken, in Deutschland so zu operieren, wie wir es wollen.« Freiheit, das bedeutet für die US-Streitkräfte in der Hauptsache Handlungsfreiheit für die Durchsetzung amerikanischer Interessen in Europa, diesen Eindruck gewinnt man bei der Lektüre der Studie. Die de jure souveräne Bundesrepublik ist für die Amerikaner de facto »theatre«, wie das mögliche Schlachtfeld militärisch heißt, ist Aufmarschgebiet, Manöverlandschaft und Landreserve für Stationierungsvorhaben.

Doch der Widerstand der betroffenen Bevölkerung wächst. Landnahme für das vermeintlich höhere Ziel »Frieden in Freiheit« wird von Bürgern und Verwaltung nicht mehr klaglos hingenommen. Mehr und mehr wehren sich Kommunen gegen die Stationierung amerikanischer Truppen, gegen den Ausbau und die Neuerrichtung von US-Depots. In Wissenschaft, Politik und Journalismus hat sich unter dem Einfluß der Friedensbewegung ein Gegenexpertentum entwickelt, dessen sich mehr und mehr auch Kommunalpolitiker bedienen.

Willy Lehninger, der bis Ende 1988 für Hessen zuständige US-Verbindungsoffizier zu deutschen Dienststellen, schreibt in seinem Abschlußbericht über das »Politisch-militärische Klima in Hessen« für die Jahre 1982 bis 1988: »Zunehmend wird deutlich, daß die Kommunalregierungen gelernt haben, die Justizbehörden einzusetzen, um Projekte, die sie ablehnen, zu verhindern oder zu verzögern. Dies ist für mich eine Quelle der Sorge, vor allem, da die Bundesregierung es in vielen Fällen ablehnt, uns so stark zu unterstützen, wie das für die Durchführung der Modernisierung unserer Streitkräfte notwendig wäre.«

Nur natürlich ist, daß die US-Streitkräfte, vor allem in Sachen Stationierung, in den vergangenen Jahren eine Reihe von Gegenstrategien entwickelt haben. In vielen Fällen wurden und werden Kommunalpolitiker durch die US-Verbindungsbüros direkt beeinflußt. »Die USAREUR-Führung hat viele Jahre lang mit dem Problem gekämpft: ›Wann sage ich es den Deutschen?‹« klagen die Autoren der 1983 vorgelegten US-Studie. »Nach ein paar Pannen, wo wohlmeinendes US-Personal versehentlich US-Erweiterungspläne an Waldarbeiter der deutschen Forstbehörden durchsickern ließ, erteilte USAREUR Instruktionen, solange den Deutschen nichts zu sagen, bis wir weit genug vorangekommen sind, um zu wissen, daß die US-Pläne durchzusetzen sind. Aber das geht nicht immer. Heute raten wir den örtlichen Kommandeuren, die Deutschen ziemlich früh über unsere Pläne zu informieren, damit wir unsere Hauptplanung mit den deutschen städtischen und regionalen Flächennutzungsplänen abstimmen können. In einigen Fällen wird die frühe Unterrichtung es uns und unseren Plänen feindlich gesonnenen Parteien erlauben, ›Bürgerinitiativen‹ und andere Verhinderungsmaßnahmen zu organisieren, die unsere Projekte vereiteln oder auf unabsehbare Zeit verzögern. In anderen Fällen schaffen wir uns Ärger, weil wir uns nicht früh genug mit den deutschen Stellen koordiniert haben.«

Die Studie rät zu »feinfühligem« Vorgehen. »Die gegenwärtige USAREUR-Politik ist genügend flexibel, so daß die örtlichen Kommandeure die Deutschen normalerweise zu dem Zeitpunkt informieren können, den die Situation erfordert.« Wie sensibel die Amerikaner auf mögliche Proteste sogar schon im Vorfeld reagieren, das zeigt das Beispiel Mainz. Nach dem Vorbild von Wiesbaden wollte man dort beim Starnberger Forschungsinstitut für Friedenspolitik eine regionale Militäranalyse in Auftrag geben. Einen entsprechenden Beschluß faßte der Mainzer Stadtrat am 20. Mai 1987. Doch erst zwei Jahre später, am 11. Mai 1989, vergab die Stadt den Auftrag an das Forschungsinstitut. Diese Verzögerung hatte Gründe.

Zum ersten Mal tauchte das Thema »Regionale Militäranalyse Mainz« am 18. August 1987 im vertraulichen Bericht des US-Verbindungsbüros für Hessen, Rheinland-Pfalz und das Saarland auf. Die Amerikaner waren besorgt über die öffentliche Wirkung, die eine derartige Studie möglicherweise haben würde: »Die Wiesbaden-Studie zeigt die Gefahren auf, die aus der Anwesenheit von US-Truppen entstehen, z. B. erhöhtes Verkehrsaufkommen, Fluglärm usw.« Wie gut, daß die Army einen Vertrauten (›our contact‹) im Mainzer Rathaus hat. Sein Name: Professor Dr. Kurt Doerr (CDU), der zuständige Beigeordnete. Seit langer Zeit schon sind die Kontakte zwischen Doerr und der Army intensiv und herzlich. So war das US-Verbindungsbüro dem Politiker schon mal behilflich bei der Einladung des damaligen US-Botschafters Richard Burt nach Mainz. Anläßlich der 200-Jahr-Feier der amerikanischen Verfassung bekam Burt feierlich ein Faksimile der auf der Mainzer Gutenberg-Presse gedruckten US-Verfassung überreicht – ein Ereignis, von dem sich das US-Verbindungsbüro »weite Beachtung in der Presse« versprach. Auch sonst können es die Amerikaner gut mit der Mainzer Stadtspitze. So radelten amerikanische Offiziere im August 1987 gemeinsam mit dem Mainzer Bürgermeister Weyel und dem Polizeipräsidenten Käsehagen »auf Fahrradwegen, die jüngst in Mainz gebaut wurden«. Eine PR-Aktion, wie sie das US-Verbindungsbüro oft und gern inszeniert.

Um die geplante Regionale Militäranalyse zu verhindern,

nutzten die Amerikaner ihre guten Kontakte zum Christdemokraten Doerr: »Unser Kontaktmann im Mainzer Rathaus ist gegen eine solche Studie, er hält sie für Geldverschwendung. Sein Plan ist es, das Wehrbereichskommando, die Franzosen und Amerikaner, zu bitten, gemeinsam eine Aufstellung militärischer Einrichtungen in Mainz zu präsentieren – wer sie sind / was sie machen / welche Probleme sie haben / welche Maßnahmen sie gegen Lärm ergreifen. Er plant, diese dann dem Stadtrat zu präsentieren, und hofft damit, effektvoll den Plan, das Forschungsinstitut zu beauftragen, zu Fall zu bringen.«

Diesen Plan setzte Doerr alsbald in die Tat um. Das Dezernat IV der Mainzer Stadtverwaltung legte den betroffenen militärischen Dienststellen einen Fragebogen vor. Das Ergebnis, das dem Mainzer Stadtrat vorgelegt wurde, ist vom Informationswert her begrenzt. Zwar wird akribisch aufgelistet, wie viele Feuerpatschen in den US-Kasernen der rheinland-pfälzischen Landeshauptstadt an den Wänden hängen, wichtige Informationen hingegen, etwa wie viele Kampfhubschrauber in Zukunft in Mainz stationiert sein werden, fehlen. Dafür ist das Doerr-Papier mit Angriffen gegen die Wiesbaden-Studie des Starnberger Instituts gespickt. »Ein Schlußkapitel der Wiesbadener Studie befaßt sich mit spekulativen Kriegsszenarios, um die Bedeutung im Kriegsfall deutlich zu machen. Nach Auffassung des Dezernats IV und der beteiligten militärischen Dienststellen kann es nicht Aufgabe einer sachorientierten Studie von öffentlichen Verwaltungen sein, Kriegsszenarios in diesem Zusammenhang zu diskutieren.«

Bewenden lassen solle man es doch mit den Informationen, die die Militärs freiwillig zu geben bereit sind. Diese gewähren »dem Leser eine möglichst objektive eigene Beurteilungsmöglichkeit der Einheiten und deren Fakten im Mainzer Raum«. Doch dem Mainzer Stadtrat war die von den Verfassern zur »Militär-Enzyklopädie« hochgejubelte Studie zu wenig aussagekräftig, der Auftrag ging dann doch – mit gehöriger Verzögerung – nach Starnberg.

So erfolglos die Strategie der Army in Mainz war, so effektvoll agierte man in Büdingen, der einzigen Garnison außerhalb des Main-Kinzig-Kreises, die zur Military Community (MILCOM) Hanau zählt. Büdingen ist eine der fünf Subcommunities und beherbergt Divisionstruppen der 3. US-Panzerdivision mit Stabssitz in der Frankfurter Drake-Kaserne. Die Garnison Büdingen umfaßt fünf amerikanische Liegenschaften: die Armstrong-Kaserne, das Büdingen Air Field, die Büdingen Ammunition Area, das Depot im Lorbacher Wald, die Tiergarten Training Area und das Armstrong Village Family Housing.

Im Zuge der Umstrukturierung des gesamten US-Heeres sollten die drei Kampfkompanien in Büdingen mit insgesamt 21 Panzerabwehr-Hubschraubern »Cobra« ausgerüstet werden. Dafür wollte die Army M60-Panzer und M13-Mannschaftstransporter aus Büdingen abziehen. Diese Umrüstung bedeutet für die Büdinger Bevölkerung eine Reaktivierung des dortigen Hubschrauberlandeplatzes. Schon früher waren in Büdingen Helikopter stationiert. Nur allzu bekannt war den Anwohnern die Lärmbelästigung, vor allem in Manöverzeiten. Doch damit nicht genug. Geplant war, neben diversen Baumaßnahmen, auch eine Erweiterung der Armstrong-Kaserne um 16 500 Quadratmeter.

Eingebunden war diese Erweiterung in ein kompliziertes Grundstücksgeschäft, das vom Verwaltungsgericht Darmstadt im November 1987 wegen Beschlußunfähigkeit der Stadtverordnetenversammlung gestoppt wurde. In einer Art Dreiecksgeschäft ging es um den Hubschrauberlandeplatz, die Erweiterung der Kaserne und um die Tiergarten Training Area. Die US-Armee sollte zwei Hektar des wenig benutzten Übungsgeländes an die Büdinger Schwarz-Schilling-Firma Sonnenschein abtreten. Diese wiederum verfügt ihreseits über gute Beziehungen zur NATO und zu den Amerikanern. Dem Akku-Hersteller ist die NATO-Supplier-Code-Nummer »D 7505« zugeteilt; eine derartige Nummer haben alle Rüstungslieferanten der NATO. Sonnenschein wollte im Gegenzug 50 000 DM für eine Erhöhung des vom Bundesvermögensamtes für den Erwerb des Erweiterungsgeländes der Kaserne angesetzten Quadratmeterpreises zuschießen.

Die Amerikaner erwarteten von Anfang an Proteste gegen die Hubschrauberstationierung. »Wir können fast sicher sein«, so der Bericht des US-Verbindungsbüros Hessen vom 4. Mai 1987, »daß Umweltschutzgruppen sehr stark opponieren werden und große Unterstützung von der lokalen Bevölkerung bekommen werden«. Eine Gegenstrategie wurde entwikkelt.

Es ging hektisch zu an jenem 7. Oktober 1987 im großen Saal des Büdinger Bürgerhauses. Eingeladen hatte die *Frankfurter Rundschau* zu einem Forum unter dem Titel »Jetzt auch noch US-Hubschrauber in Büdingen?«. Über 300 Büdinger kamen, zum großen Teil engagierte Stationierungsgegner. Auf dem Podium saß auch Willy Lehninger, der Verbindungsoffizier beim V. US-Corps, das für die Hubschrauberstationierung zuständig ist. »Daß die US-Armee die öffentliche Diskussion mit Interesse verfolgt, zeigt die überraschend zugesagte Teilnahme«, wertete die *Frankfurter Rundschau* die Anwesenheit Lehningers. Doch der war nicht nur aus Interesse gekommen. Den Diskutanten des Abends natürlich unbekannt war die Tatsache, daß es über den Umgang mit dem zu erwartenden Bürgerprotest längst schon geheime Absprachen gab: zwischen Lehninger und seinem Gegenüber auf dem Podium, dem Büdinger Bürgermeister Eberhard Bauner (CDU), dem »umstrittenen Mann des Abends« *(Frankfurter Rundschau)*. Der Major der Reserve Bauner, Duzfreund von Franz Josef Strauß (»Mein großes Vorbild«), kungelte schon seit längerem mit den Amerikanern. Im August 1987 beispielsweise traf er sich mit Offizieren des US-Verbindungsbüros für Hessen. Ein interner US-Bericht vermerkt: »Im Hinblick auf den wachsenden Widerstand gegenüber der Modernisierung in Büdingen trafen wir Bürgermeister Bauner und versicherten uns seiner Unterstützung unseres Planes, 21 Hubschrauber nach Büdingen zurückzubringen.« Wenige Tage zuvor hatte es eine Vorbesprechung zwischen Mitarbeitern des Verbindungsbüros und dem Kommandeur der Military Community Hanau gegeben, »um eine Strategie für die Diskussionen mit dem Büdinger Bürgermeister zu entwickeln«.

Die Stationierung von 21 Hubschraubern sei notwendig,

auch und gerade in Abrüstungsfragen, so Lehninger während des Forums im Büdinger Bürgerhaus. Gerade beim gegenwärtigen Stand der Verhandlungen mit der Sowjetunion über atomare Abrüstung sei die Stärkung der konventionellen Streitkräfte wichtig, dozierte der US-Offizier unter dem Gelächter des Publikums. Lehninger zeigte sich verärgert: »Wenn Sie Zeitung lesen und wissen würden, was uns gegenübersteht, dann würden Sie nicht lachen!« Markig stellte sich dagegen Bürgermeister Bauner hinter seine Bürger. Schließlich hatte sich sein eigener CDU-Magistrat gegen die US-Hubschrauber ausgesprochen. »Ich erwarte eine sachliche und wertfreie Diskussion, auch wenn man unterschiedliche Auffassungen von der Sache hat. Ich selbst habe ja eine eindeutige, weil ich einen Auftrag habe des Magistrats und auch der Stadtverordnetenversammlung, die jeweils einstimmige Beschlüsse gefaßt haben, die Rückkehr der Hubschrauber zu verhindern.« Ein aufrechter Mann?

Im Februar 1987 waren die US-Pläne in einer Kreistagssitzung bekannt geworden. Alle Büdinger Parteien lehnten die Stationierung geschlossen ab. Nur Bürgermeister Bauner beeilte sich festzustellen, daß die ablehnende Haltung der Stadt Büdingen nichts mit »Antiamerikanismus« zu tun habe. »Sehr geehrter Herr Bürgermeister«, schrieb ein Büdinger Bürger fast beschwörend an Bauner, »ich hoffe, Sie ergreifen die Chance – auch für Ihre Partei – und helfen den Bürgern mit aller Kraft, aufrichtig und ohne Winkelzüge, den drohenden Fluglärm abzuwenden.« Doch der Bürgermeister versuchte zunächst, die Wogen öffentlich zu glätten. Zwar sollten in der Tat 21 Hubschrauber nach Büdingen kommen, doch schließlich seien es neun weniger als jene 30, die vor Jahren bereits hier stationiert waren. Kein Grund zur Aufregung also. Der »Politikfriedenspapst« Rudolf Schwedes, jener Abgeordnete der Grünen im Kreistag, der die US-Pläne ans Licht der Öffentlichkeit gebracht hatte, solle sich doch »besser informieren«, so Bauner in einem Zeitungsinterview.

In der Zwischenzeit hatte sich in Büdingen eine Bürgerinitiative gegründet. »Auffallend«, fand die örtliche Zeitung die

Tatsache, »daß die Interessierten aus fast allen Bevölkerungsschichten kamen, von der Geschäftsfrau über den Kommunalpolitiker bis zu jungen Leuten aus der alternativen Bewegung.« Anfang April 1987 wurden die Ausbaupläne für den Büdinger Heliport für Büdingen vollständig bekannt: Errichtet werden sollten ein neuer Hangar, 60 mal 27 Meter Grundfläche, Hubschrauberabstellplätze sowie eine Betankungsanlage mit zwei Tanks von je 100 000 Litern Fassungsvermögen.

2800 Unterschriften sammelte die Bürgerinitiative bis September 1987. Die Unterschriftenlisten lagen einer Petition an den Petitionsausschuß des Deutschen Bundestages bei: »Die besondere topographische Lage der Kernstadt in einem Talkessel wird die vom Heliport durch Start- und Landemanöver, Schwebeübungen, Wartungsarbeiten und Probeflüge ausgehende Lärmbelästigung für die Einwohner Büdingens in erheblicher Weise erhöhen. Darüber hinaus werden die Wohngebiete im westlichen Stadtbereich der Kernstadt und in den Stadtteilen Orleshausen, Lorbach und Büches bei Starts und Landungen in niedriger Höhe überflogen. Nicht zuletzt werden Flüge und Übungen bis spät in die Nacht sowie an Sonn- und Feiertagen zu einer enormen Beeinträchtigung der Lebensqualität der Büdinger Bevölkerung führen.«

Auch aus Gesichtspunkten der Stadtplanung und -entwicklung heraus lehnte die Bürgerinitiative die Hubschrauberstationierung ab, »da eine Ausweisung von weiteren Wohngebieten nur in Richtung des Hubschrauberplatzes möglich wäre. Schon heute beträgt der Abstand zu einigen Wohnhäusern weniger als 500 Meter. Durch die unmittelbare Nachbarschaft des Hubschrauberplatzes zur geplanten Umgehungsstraße sind auch Gefährdungen des direkt am Schutzzaun des US-Heliports vorbeigeführten Straßenverkehres nicht auszuschließen. Schließlich ist hinsichtlich der zu erwartenden Auswirkungen auf die Umwelt eine Verwirklichung der Planung zu verhindern. Neben der zusätzlichen Oberflächenversiegelung ist hier vor allem die Lagerung von Treibstoff im Auenbereich anzuführen, der des öfteren vom Hochwasser des Seemenbaches (Abstand zu Treibstoff- und Öltanks nur etwa 40 Meter!)

überflutet wird. Ein Teil des Heliports befindet sich sogar noch im Staubereich des Hochwasserrückhaltebeckens Düdelsheim. Das Abwasserproblem ist bei der vorliegenden Planung ebenfalls nicht gelöst. So sollen die durch Schadstoffe aus Treibstoffen, Schmiermitteln und ähnlichem belasteten Oberflächenwasser lediglich eine Abscheideanlage passieren und dann in den Seemenbach eingeleitet werden. Ein Gutachten über die zu erwartende Gesamtbelastung im Rahmen einer umfassenden Umweltverträglichkeitsprüfung wurde nicht vorgelegt, so daß der im Rahmen des Kenntnisgabeverfahrens mit der Prüfung des Vorhabens beauftragte Kreisausschuß des Wetteraukreises zu dem Ergebnis kam, daß kein vergleichbares ziviles Projekt an dieser Stelle eine Chance auf Erteilung einer Baugenehmigung hätte.«

Im Oktober 1987 wollte die Bürgerinitiative am Ortseingang der Stadt Büdingen Protestschilder gegen die Stationierung aufstellen. In einem Brief teilte Bürgermeister Bauner der Bürgerinitiative mit, daß die geplanten zwei mal drei Meter großen Schilder »sowohl von der Größe als auch von der Beschriftung her ohne weiteres geeignet sind, eine erhebliche Ablenkung bei den Verkehrsteilnehmern zu erzeugen«. Ein »bemerkenswerter Ablehnungsgrund« sei das, konstatierte die Bürgerinitiative. An den Ortseingängen werde immer wieder für alle möglichen Veranstaltungen geworben, für Weihnachtsmärkte ebenso wie für Altstadtfeste. Bürgermeister Bauner könne doch nicht dem einen verbieten, was er anderen erlaube, so die Initiative: »2800 Bürger haben sich mit ihrer Unterschrift gegen die Stationierung der Hubschrauber ausgesprochen. Auch für diese sind Sie doch Bürgermeister und nicht nur für Schützen und Hasenzüchter.«

Immer offener traten die »heimlichen Aktivitäten« *(Frankfurter Rundschau)* des Bürgermeisters zutage. Am 21. April 1988 waren Mr. Shackleton und Mr. Lehninger, Verbindungsoffizier für Hessen, Leiter des US-Verbindungsbüros für Hessen, Rheinland-Pfalz und Saarland, zu Gast bei Bauner. »Der Bürgermeister stellte die Situation objektiv und ruhig dar und drückte seine ernstgemeinten Hoffnungen aus, daß die US-

Streitkräfte ihre Pläne trotz des Widerstands des Stadtparlaments durchführen könnten. Er war der Meinung, daß die Abstimmung mit der Kommune lediglich der Information diene und daß die Stadt kein Einspruchsrecht habe. Bürgermeister Bauner wiederholte seine bereits mehrmals in den letzten Monaten geäußerte Unterstützung für die amerikanischen Streitkräfte in Europa und unterstrich nachdrücklich, daß wirksame Verteidigung ohne eine starke US-Beteiligung an der NATO nicht möglich sei. Aus diesem Grund habe er größtenteils Verständnis für die militärische Notwendigkeit der Hubschrauber-Stationierung in Büdingen, und er würde, gäbe es keinen Widerstand am Ort für unsere Pläne, die Angelegenheit offen und verständnisvoll behandeln.«

Dann kam Eberhard Bauner auf sein politisches Problem zu sprechen. »Nur aus Angst vor einer Niederlage gegen die SPD und die Grünen bei den hessischen Kommunalwahlen im März 1989« hätte seine CDU-FDP-Mehrheit gegen das Projekt gestimmt. Sein Magistrat wolle sich in dieser Sache nicht profilieren, »um unsere Gegner nicht zu ermutigen«, aber gleichzeitig wolle man aus Angst vor einer Wahlniederlage vermeiden, »sich bei diesem Streitpunkt auf die Seite der US-Streitkräfte zu stellen«.

Shackleton skizzierte nach der Diskussion mit dem Büdinger Bürgermeister das weitere Vorgehen: »Während des Gesprächs war Bürgermeister Bauner freundlich und nett, und er äußerte Verständnis für das Interesse des V. Corps am Büdinger Heliport. Aber er steht deutlich unter dem öffentlichen Druck gegen die US-Pläne. Wir glauben, daß noch eine vage Möglichkeit besteht, rechtzeitig eine Aufhebung des Vetos durch das BMVg (Bundesverteidigungsministerium – die Verf.) zuerhalten, um das Projekt bei Fertigstellung der Entwürfe im Juli 1988 ausschreiben zu können. Es ist äußerst zweifelhaft, daß die Versuche des Bürgermeisters dieses Problem lösen werden; der DCSENG (»Deputy Commander of Staff Engineering«, der für Baumaßnahmen zuständige Abteilungsleiter des V. US-Corps – die Verf.) wird auf Bundesebene Druck ausüben müssen. Falls die Bundesregierung sich weigert, innerhalb eines vernünftigen Zeitraums in unserem Sinne tätig zu werden, wären wir gut beraten, mit der Renovierung der gegenwärtigen Einrichtungen zu beginnen, um die 21 Hubschrauber wie geplant im August/September 1988 zurückzuholen. Sollte die Stationierung aus technischen Gründen nicht vor November 1988 möglich sein, dann sollten wir eine Verzögerung der Luftfahrzeug-Stationierung bis nach den Wahlen im März 1989 überlegen. In der Zwischenzeit sollten wir eine geringe Anzahl von Flugbewegungen während der Werktage auf dem Heliport aufrechterhalten, bis die endgültige Entscheidung über die Verbesserung der Einrichtungen gefallen ist, und danach die Flugaktivitäten nach und nach erhöhen, um die Entwicklung dieses Streitpunktes in ein Klein-Wiesbaden zu verhindern.«

Ein Geschäft auf Gegenseitigkeit also. Die Amerikaner halten sich, quasi als Wahlgeschenk, bis nach den Kommunalwahlen zurück. Bürgermeister Bauner hingegen verspricht, nach den Wahlen für zügige Durchführung der US-Pläne zu sorgen. Derartige Absprachen mit Politikern treffen die US-Verbindungsbüros des öfteren – illegalerweise, denn das NATO-Truppenstatut schreibt für Stationierungsstreitkräfte Nichteinmischung in die politischen Belange des Gastlandes vor.

Im April 1988 erreichte die Auseinandersetzung einen vorläufigen Höhepunkt. Der Büdinger Stadtrat lehnte mit der CDU-FDP-Mehrheit die Hubschrauber-Stationierung ab. Die Amerikaner reagierten enttäuscht. »Am 21. April riefen Mr. Lehninger und ich den Büdinger Bürgermeister Bauner an, um mit ihm die unerwartete Ablehnung unseres Hubschrauber-Projektes im Büdinger Stadtrat zu diskutieren«, schreibt Shackleton in einem Memorandum vom 6. Mai 1988. »Bürgermeister Bauner, der vorgibt, einer unserer stärksten Unterstützer zu sein, war verärgert darüber, die Kontrolle über seine CDU-FDP-Mehrheit im Stadtrat verloren zu haben.«

Für die Amerikaner geht es bei dieser Auseinandersetzung längst schon um Grundsätzliches. »Die Situation in Büdingen spiegelt das gegenwärtige Klima wider, in dem wir in Deutschland arbeiten. Obwohl Bauner vorgibt, das Projekt zu unterstützen, sieht er die Ablehnung durch den Stadtrat nur als ›informatorischen Prozeß‹, die Stadt habe kein Veto-Recht. Das ist Unsinn, denn die Zustimmung oder Ablehnung durch die Stadt ist ein entscheidender Teil des Verwaltungsprozesses, der den Bau in Gang setzt. Was der Bürgermeister wirklich will, ist, das Problem bis zu den hessischen Kommunalwahlen im März 1989 tiefer hängen, um es nicht zum Wahlkampfthema werden zu lassen. Bauner sagte, er werde die Frankfurter Oberfinanzdirektion und das Bundesverteidigungsministerium in der Hoffnung auf eine Lösung konsultieren. Mr. Lehninger und ich stimmen dem Bürgermeister, unserem guten, aber unberechenbaren Freund, zu in der Hoffnung, daß der Bund ihn aus dem Schlamassel holt. Er will, mit anderen Worten ausgedrückt, daß sich die Bundesbehörden über den Stadtrat hinwegsetzen.«

Jetzt ging es Schlag auf Schlag. Im Oktober 1988 informierte sich der Petitionsausschuß des Deutschen Bundestages vor Ort. In den Augen der Amerikaner eine Pflichtübung. Im US-Verbindungsbüro-Bericht heißt es: »Am 7. Oktober besuchte der Petitionsausschuß des Deutschen Bundestages den Büdingen Heliport, um sich aus erster Hand über die Pläne der US-Streitkräfte zur Wiederstationierung von einundzwanzig Hubschraubern auf dem örtlichen Heliport zu informieren. Zusammenfassend gesagt, die Organisation dieses Besuchs durch die US-Streitkräfte war ausgezeichnet; leider zeigten die Mitglieder des Ausschusses, mit Ausnahme des CDU-Vertreters, nur wenig Interesse an den Mitteilungen, die ihnen während der Kurzinformationen geboten wurden. Der Besuch war eher eine Showveranstaltung, die das Interesse der Politiker an den Bedürfnissen ihrer Wähler zeigen sollte. Wir sollten von dieser Art des Besuchs keinen fairen oder freundlichen Bericht erwarten. Da der Termin in der örtlichen Presse angekündigt war, wurden wir am Tor zum Heliport von einer kleinen Schar von Demonstranten empfangen, die Spruchbänder trugen. Danach trafen die Bundesvertreter in einem nahegelegenen Gasthaus auf Presse und Bürger.«

Gertrud Schilling, Grüne-Bundestagsabgeordnete, hat die von den Amerikanern für so trefflich befundene Sitzung des

Petitionsausschusses anders in Erinnerung: Ein Repräsentant der örtlichen Bürgerinitiative mußte darauf hinweisen, daß die von den US-Streitkräften ausgehängte Karte mit den Flugrouten schlicht falsch war. Die Amerikaner waren so schlecht vorbereitet, daß man annehmen mußte, die Entscheidung sei bereits gefallen. Und dem war so: Gleich nach dem Besuch des Petitionsausschusses gaben die Amerikaner eine Pressekonferenz, bei der sie erklärten, die Stationierung von 21 Hubschraubern erfolge wie geplant.

Seit diesem Zeitpunkt üben in Büdingen 21 Hubschrauber. Doch den US-Behörden fehlt dazu die luftfahrtrechtliche Genehmigung. Deshalb hatte die Stadt im Februar 1989 Klage beim Verwaltungsgericht Darmstadt eingelegt, um die Schließung des Heliports zu bewirken. Im Sommer 1989 erreichten Bürgermeister Bauners US-Aktivitäten ihren Höhepunkt. Am 11. Juli besichtigten Offiziere des US-Verbindungsbüros zusammen mit Ministerialrat Pippert von der Hessischen Staatskanzlei und Regierungsdirektor Hundt von der Frankfurter Oberfinanzdirektion das Heliport-Gelände. Beim anschließenden Gespräch im Büdinger Rathaus stellte Bauner fest, »daß die Mehrheit der Bevölkerung die Anwesenheit der Hubschrauber akzeptiert, daß es kein Fluglärm-Problem gibt und daß sich die lokale Presse ›überraschend ruhig‹ verhält«.

»Eine unerwartete Wende in der Angelegenheit«, stellte Wolfgang R. Herfurth, der stellvertretende Verbindungsoffizier für Hessen, Rheinland-Pfalz und Saarland, in seinem Memorandum über den Besuch fest, als Bürgermeister Bauner den Besuchern einen Brief an Bundesverteidigungsminister Stoltenberg vom 28. Juni vorlegt. Der Brief, vorliegend in der englischen Übersetzung einer Kopie, die an die U.S. Army gegangen war, ist ein einzigartiges Dokument. Es belegt, wie zynisch der Bürgermeister in Absprache mit den amerikanischen Freunden mit den Problemen und Interessen seiner Bürger umgeht. »Das Bundesverteidigungsministerium«, so Bauner, »sollte eine schnelle Entscheidung treffen und sich über die Widerstände der Stadt Büdingen und des Darmstädter Regierungspräsidenten hinwegsetzen.«

Zwei Tage zuvor schrieb Bauner einen ähnlichen Brief an den Petitionsausschuß des Deutschen Bundestages. »Bürgermeister Eberhard Bauner hat die Belange der einheimischen Bevölkerung militärischen Expansionsbestrebungen geopfert«, bewertete die Büdinger Bürgerinitiative das Schreiben. Bauners Strategie hatte Erfolg: Der Petitionsausschuß entschied sich gegen die Büdinger Bürger, die Landesregierung in Wiesbaden gab grünes Licht – dem Ausbau des Hubschrauberlandeplatzes stand nun nichts mehr im Wege.

In den Weg gestellt hat sich dem Ausbau des Büdinger Airfield allerdings ein völlig neuer Verbündeter der Bürgerinitiative: Dick Chenney. Der amerikanische Verteidigungsminister setzte im Juni 1990 den Rotstift an 60 Bauvorhaben der Army in Westdeutschland, darunter auch an den Ausbau dieses Flugplatzes.

»Ist Büdingen eine Bananenrepublik?« fragte ein empörter Bürger in einem Leserbrief an die Lokalzeitung. »Wer kontrolliert eigentlich den selbstherrlichen Führungsstil des Herrn Bauner?« Daß er mit niemandem den Inhalt seiner Briefe abgesprochen hatte, erklärte der Bürgermeister einem Reporter lapidar mit dem Zeitpunkt. Wegen der Sommerferien sei von seinen Stadtratskollegen niemand erreichbar gewesen. Trotzdem ist in den beiden Schreiben stets von »wir« die Rede. Wer ist »wir«, so die Nachfrage des Reporters. »Das bin ich«, antwortete der Bürgermeister. Also eine Art »Pluralis Majestatis«? »Fast«, gab Eberhard Bauner wahrheitsgemäß zurück.

»Die Strohmänner«

Zivile Hilfstruppen bei der Aufrüstung

Altengronau ist ein kleines, beschauliches Dorf im hessischen Main-Kinzig-Kreis. Viel Landwirtschaft, etwas Industrie, darunter auch die Marmorfabrik »Gerhäuser«, die Grabsteine herstellt. Eines Tages, Ende Juni 1986, tauchen plötzlich US-Soldaten in der maroden, kurz vor dem Konkurs stehenden Fabrik auf, für die Arbeiter eine unheimliche Begegnung der amerikanischen Art. Was die GIs bei »Gerhäuser« zu suchen hätten, will einer der Beschäftigten wissen. Militärisch knapp die Antwort: »We look for war.« Nein, Grabsteine wollen sie keine kaufen, die Soldaten, die unangemeldet das Fabrikgelände vermessen und fotografieren. Ihnen geht es nicht um den Schmuck letzter Ruhestätten, sie interessieren sich für die Lager- und Produktionshalle und – vor allem – für den Gleisanschluß des Geländes. Die Marmorfabrik »Gerhäuser« soll zur vorletzten Ruhestätte werden für Kriegsmaterial, das die U.S. Army in Altengronau bis zum Tag X eingemottet lagern will.

Anfang der achtziger Jahre hielt die U.S. Army bevorzugt im Hessischen Ausschau nach mittelständigen Industriebetrieben, denen das Wasser bis zum Hals stand oder die bereits pleite waren. In den leerstehenden Fabrikhallen sollte vom Verbandspäckchen bis zum Panzer die ganze Ausrüstung derjenigen US-Soldaten eingelagert werden, die im Krieg die in der Bundesrepublik stationierten Truppen verstärken werden. Öffentlich bekannt werden sollten diese Pläne möglichst nicht. Deshalb wickelte man die Geschäfte über eine Privatfirma ab. Als Verhandlungspartner gegenüber Kommunen und Eigentümern trat eine kleine, aber feine Firma namens »Material-Depot-Betriebsgesellschaft mbH« mit Sitz in Bonn/Bad Godesberg auf. Hinter der MDBG steht die »Industrieverwaltungs-Gesellschaft (IVG)«, eine Aktiengesellschaft mit Sitz gleichfalls in der Bundeshauptstadt.

Die Privatisierung der Einlagerung von US-Kriegsmaterial hat Methode. Die Gründe sind in den zunehmenden Schwierigkeiten der Amerikaner zu sehen, die diesen bei Stationierungsvorhaben von den betroffenen Gemeinden gemacht werden. Genau um diese Schwierigkeiten ging es in einem Hearing vor dem US-Repräsentantenhaus.

»Was ist getan worden, um den weitverbreiteten Widerstand gegen Bauprojekte der Army und die vorhandenen Einrichtungen in Hessen auszugleichen?« so die Frage eines Abgeordneten. US-General Dacey antwortete, daß aus diesem Grund eine Kommission in Zusammenarbeit mit der Bundesrepublik gebildet wurde, die die anstehenden Probleme frühzeitig erkennen und lösen sollte: »Wir versuchen, Mechanismen einzurichten, mit denen wir Lösungen erreichen, wenn die Probleme auftauchen.« Einer dieser »Mechanismen« wurde in der Folge die Material-Depot-Betriebsgesellschaft.

Am 15. April 1982 unterzeichneten der damalige US-Botschafter Arthur Burns und Bundesaußenminister Hans-Dietrich Genscher in Bonn das »Wartime Host Nation Support (WHNS)-Abkommen«. Was so gastfreundlich klingt, ist in Wirklichkeit der Ausverkauf bundesdeutscher Interessen. Im Kriegs- oder Krisenfall garantiert die Bundesrepublik Deutschland den USA umfangreiche militärische und zivile Unterstützung. 90 000 Bundeswehrsoldaten werden der U.S. Army zugewiesen. Auch Zivilisten tritt die Bundesregierung an die USA ab, sie wirkt mit bei »der Deckung des Bedarfs an zivilen Arbeitskräften«. Unter Punkt 2 des WHNS-Abkommens erklärt sich die Bundesrepublik bereit, den Amerikanern »Objekte für die Kriegsstationierung« zur Verfügung zu stellen. Für den Kriegsfall sind 1635 solcher »Objekte« vorgesehen, einen Teil der Depots braucht die Army bereits im Frieden. Eine Aufgabe, die in der Folge die IVG übernehmen soll.

Am 16. Januar 1985 schreibt der parlamentarische Staatssekretär im Bundesfinanzministerium, Dr. Friedrich Voss, an den Haushaltsausschuß des Deutschen Bundestages: »Die in der Bundesrepublik Deutschland stationierten US-Streitkräfte sollen von zivilen Versorgungs- und Verwaltungsaufgaben freigestellt werden, um die militärische Einsatzbereitschaft zu verbessern. Die Bundesregierung steht diesem Gedanken im Prinzip positiv gegenüber. Die von US-Seite wiederholt vorgeschlagene Einschaltung von Standortverwaltungen der Bundeswehrverwaltung kommt aus rechtlichen, organisatorischen, personalwirtschaftlichen und finanziellen Gründen (jährliche Kosten rund 480 Millionen DM) nicht in Betracht. Die Prüfung anderer Lösungsmöglichkeiten durch die Bundesregierung hat dazu geführt, daß der amerikanischen Seite mit der Industrieverwaltungs-Gesellschaft mbH (IVG) ein bundeseigenes Unternehmen benannt wurde, das in der Lage ist, die geforderten Aufgaben zu übernehmen oder durch eine Tochtergesellschaft wahrnehmen zu lassen.«

Eigens zu diesem Zweck wurde am 30. August 1985 die Material-Depot-Betriebsgesellschaft (MDBG) ins Bonner Handelsregister eingetragen. »Einen Amtsschimmel und einen Etappenhengst«, so das Fachblatt Wehrdienst despektierlich, machte die IVG zu Geschäftsführern der neuen GmbH.

»Amtsschimmel« Dr. Ernst Kern gehörte bis Mai 1983 als Leiter der Abteilung »Recht und Verwaltung« zum Beamtenapparat des Bundeskanzleramts. »Etappenhengst« Paul Krämer diente bis 1982 in der Stabsabteilung »Logistik (Fü S V)« im Bundesverteidigungsministerium. Von Anfang an geben sich die beiden aus dem Pensionistendasein zurückgeholten Jungunternehmer zugeknöpft. Auf Anfragen ist der eine, Kern, »nicht zuständig«, der andere, Krämer, hat »keine Befugnis«. Die Befugnis haben wohl nur die Vertreter des Bundesfinanz- und Bundesverteidigungsministeriums im MDBG-Aufsichtsrat: Das Finanzressort vertritt in der Gründungsphase Regierungsdirektor Heinz Reuber, das Verteidigungsministerium Ministerialrat Dr. Jörg Kaempf.

Nach und nach sollen unter der Regie der MDBG in der Bundesrepublik 8 Materialdepots für die U.S. Army eingerichtet und verwaltet werden. Verpflegung, Bekleidung und Arzneimittel werden ebenso eingelagert wie Panzer und Waffen. In Hessen sind drei MDBG-Depots in Betrieb: Villmar, Biebesheim und Babenhausen, in Bayern zwei: Kitzingen und Merkendorf. Hinzukommt das baden-württembergische Depot Buchen.

Die »Material-Depot-Betriebsgesellschaft« ist ein florierendes Unternehmen. Waren es 1985 14 Mitarbeiter, so stieg 1988 die Zahl der Beschäftigten bis heute auf rund 200. Insgesamt sollen 350 Arbeitnehmer bei der MDBG Lohn und Brot finden. Ausgeschrieben werden die Arbeitsplätze in diversen Soldatenzeitschriften unter der Rubrik »Arbeitsplätze für Zeitsoldaten«. Gesucht sind z. B. »Depotleiter«. Unbedingte Voraussetzung: »Berufserfahrung als Kommandant oder Leiter der Betriebsorganisation eines Gerätedepots oder einer vergleichbaren logistischen Einrichtung«. Notwendig sind auch »gute englische/amerikanische Sprachkenntnisse«.

Die Lagerung von kampfentscheidendem Großgerät wie Panzern durch eine zivile Firma könnte gegen das Kriegswaffenkontrollgesetz verstoßen. Sicherlich ist eine von der MDBG zu Zwecken der US-Streitkräfte selbst oder über Dritte vorgenommene Landbeschaffung nicht mit dem NATO-Truppenstatut (NTS) und seinem Zusatzabkommen (ZA-NTS) vereinbar.

Entsprechend widersprüchlich ist der Eiertanz um die richtige öffentliche Argumentation des für die Landbeschaffung der US-Streitkräfte zuständigen Bundesfinanzministeriums. In einem Brief an den baden-württembergischen Landtagsabgeordneten Gerd Teßmer vom 13. April 1987 kann man lesen, »daß die Übertragung der Lager und Materialerhaltungsdienstleistungen auf private Unternehmen Teil der Bestrebungen der US-Streitkräfte ist, die Truppe von bestimmten Verwaltungs- und Versorgungsaufgaben zu entlasten«. In dieser »Entlastung« sieht man im Bundesfinanzministerium eine »Stärkung der Kampfkraft der amerikanischen Streitkräfte«. Also wären NATO-Truppenstatut und Zusatzabkommen sehr wohl anzuwenden. Drei Absätze zuvor im gleichen Schreiben ist von »Kampfkraft« nicht die Rede. Hier werden durch die MDBG »den US-Streitkräften keine Grundstücke für Verteidigungszwecke zur Verfügung gestellt«, die Tätigkeit der MDBG sei eine »gewerbliche Tätigkeit durch eine private deutsche Gesellschaft«, die mit Krieg nichts zu tun habe.

Der Verwaltungsrichter Dieter Deiseroth kommt in seiner Studie »Transitstelle Bundesrepublik? – Wartime Host Nation

Support, NATO-Vertrag und Grundgesetz« zum eindeutigen Schluß: »In der Tat ist in Artikel 48 Absatz 1 lit. a ZA-NTS eindeutig geregelt, daß der Liegenschaftsbedarf einer Truppe oder eines zivilen Gefolges (einer ausländischen Stationierungsstreitkraft in der Bundesrepublik) nur nach Maßgabe des NATO-Truppenstatuts und dieses Abkommen gedeckt wird. Nach Artikel 48 Absatz 1 lit. b ZA-NTS wird der Liegenschaftsbedarf einer Truppe oder eines zivilen Gefolges ›bei den Bundesbehörden in regelmäßigen Abständen in Form von Programmen angemeldet‹. Damit ist klargestellt, daß eigene Maßnahmen der Streitkräfte zur Beschaffung von Liegenschaften nicht in Betracht kommen. Über die Deckung des Liegenschaftsbedarfs werden dann nach Artikel 48 Absatz 1 lit. c ZA-NTS ›zwischen den Behörden einer Truppe oder eines zivilen Gefolges und den deutschen Behörden‹ spezielle Vereinbarungen geschlossen. Um die ›Deckung des Liegenschaftsbedarfs‹ im Sinne des Artikels 48 Absatz 1 ZA-NTS handelt es sich immer dann, wenn es um die Erfüllung des Bedarfs der ausländischen Stationierungsstreitkräfte an bebauten oder unbebauten Grundstücken geht. Diese Regelungen stellen nicht nur sicher, daß die ausländischen Streitkräfte nicht ›auf eigene Faust‹ im Stationierungsland (hier: Bundesrepublik) sich bebaute oder unbebaute Grundstücke beschaffen können. Durch diese Regelung ist auch gewährleistet, daß die zuständigen Behörden hierfür die Verantwortung übernehmen. ›Beschaffen‹ nun die US-Streitkräfte zur Erfüllung ihres WHNS-spezifischen Bedarfs bebaute und unbebaute Grundstücke durch Abschluß privatrechtlicher Mietverträge mit der Material-Depot-Betriebsgesellschaft mbH (MDBG), so umgehen und mißachten sie die zwingenden Vorschriften des Artikels 48 Absatz 1 ZA-NTS. Gleiches gilt für die diese Praxis duldenden deutschen Behörden, die damit die zwingenden Vorschriften des Landbeschaffungsgesetzes mißachten und insoweit gesetzeswidrig handeln. Das Motiv, möglichst ›unbürokratisch‹ zu handeln, ändert daran nichts. Denn das Verfahren nach 1 LBG stellt ein – im übrigen reformbedürftiges – Planungsverfahren für raumbeanspruchende Verteidigungsvorhaben dar, in dem zumindest rudimentäre Mitwirkungsrechte der Landesregierung und der Gemeinden vorgesehen sind, die weder vom Bundesverteidigungsministerium noch von einer privatrechtlichen Eigengesellschaft des Bundes zur Disposition gestellt werden können. Die Einhaltung dieser Verfahrensrechte kann von den in ihren Rechten beeinträchtigten Gemeinden und ggf. auch von der betroffenen Landesregierung verwaltungsgerichtlich (gegen die Bundesregierung) ›eingeklagt‹ werden.«

Die »Industrieverwaltungs-Gesellschaft« ist eine profitable Firma. 730 Millionen DM Jahresumsatz machte der Konzern im Jahr 1988. Ihre Geschichte reicht bis ins Jahr 1916 zurück. Damals gründeten ein Geheimer Kommerzienrat und ein Rechtsanwalt in München die »Montanindustrie GmbH«. Von Anfang an stand die Kriegsproduktion im Vordergrund. 1934 übernahmen die Nazis die »Montan«. Ziel war, so umschreibt es der »IVG-Geschäftsbericht 1985«, »die Errichtung, Vermietung und Verwaltung diverser Fabrikanlagen«. 128 dieser »diversen Fabrikanlagen«, ausnahmslos Rüstungsbetriebe, in denen Dienstverpflichtete, KZ-Häftlinge und Zwangsarbeiter zu Tode geschunden wurden, gehörten 1945 zur »Montan«. 1951, nachdem das Firmenkonsortium bis zu diesem Zeitpunkt von den Alliierten und von Treuhändern verwaltet worden war, wurde die »Montan« wieder rein (bundes)-deutsch. Den Firmennamen änderte man in das unverfängliche »Industrieverwaltungs-Gesellschaft mbH«. »Der Unternehmensgegenstand«, so drückt es der »IVG-Geschäftsbericht 1985« schwammig aus, wurde »den veränderten Verhältnissen angepaßt.« 1986 schließlich privatisierte die Bundesregierung die IVG. 45 Prozent des Grundkapitals von 110 Millionen DM wurde an der Börse verkauft. Die Aktienmehrheit aber hält die Bundesrepublik Deutschland.

Die hessische Kleinstadt Schlüchtern, ein »staatlich anerkannter Luftkurort«, im Mai 1983. Im Rathaus sind IVG-Vertreter zu Gast. Es geht um das Gelände der in Konkurs gegangenen Schuhfabrik »Wosana«. Was die Gäste mit Bürgermeister Schott besprechen, bestätigt dieser am 18. Mai 1983 in einem Brief an die IVG: »Wie ich Ihnen gegenüber persönlich bereits zum Ausdruck gebracht habe, bestehen in den zuständigen Gremien der Stadt Schlüchtern keine Bedenken gegen die Einrichtung eines Versorgungsdepots.«

Die Vorgänge um das »Wosana«-Gelände in den folgenden Monaten und Jahren kann als Lehrbeispiel für die Versuche militärischer Landnahme unter privatem Deckmantel dienen.

Die Eigentumsverhältnisse der ehemaligen Schuhfabrik sind kompliziert. Nach und nach kauft eine private Grundstücksgesellschaft, die WFKS, den Gläubigern alle Belastungen der Konkursfirma »Wosana« ab. De facto ist damit die WFKS Eigentümerin des Geländes, auch wenn die Zwangsversteigerung der »Wosana« erst später stattfinden wird. Für die »Industrieverwaltungs-Gesellschaft« spielt die WFKS den Makler. Geplant ist, das Gelände nach dem Eigentümerwechsel an die IVG zu verpachten, die ihrerseits dann die »Material-Depot-Betriebsgesellschaft« mit der Errichtung des Depots beauftragen will. Zunächst ruht die Angelegenheit. Dann, im November 1984, schreibt die IVG, der an einem »guten Einvernehmen« sehr gelegen ist, an Bürgermeister Schott: »Eingelagert wird nur konventionelles Gerät, wie palettierte Verpflegung, Bekleidung, Betriebshilfsstoffe, Rad- und Kettenfahrzeuge sowie dazugehörige Ersatzteile.« Bereits damals steht fest: 40 Kampfpanzer vom Typ M 60 sollen auf dem Industriegelände gelagert und gewartet werden. Gerüchte dringen an die Öffentlichkeit. Eine Bürgerinitiative verlangt schriftlich vom hessischen Innenministerium und vom Bundesverteidigungsministerium Aufklärung. In Wiesbaden erklärt man sich nicht zuständig und verweist auf Bonn. Auch auf der Hardthöhe fühlt man sich nicht zuständig, der Brief der Schlüchterner Bürger landet schließlich beim Bundesfinanzministerium. Dort sind, so das Antwortschreiben vom 1. März 1985, »Einzelheiten über die bisherigen Gespräche der IVG mit verschiedenen Beteiligten, über den Stand dieser Gespräche nicht bekannt«.

März 1985. Der öffentliche Druck gegen das geplante Militärdepot wächst. Bürgermeister Schott distanziert sich nun auf einmal. Man werde, so verkündet der Politiker in der Lokalpresse, zur Verhinderung eines US-Depots in der »Wosana«

alle politischen Mittel ausschöpfen. Daraufhin setzt die WFKS zur kommunalpolitischen Seelenmassage an. Der Brief, der den »sehr geehrten Herrn Bürgermeister« wieder auf IVG-Kurs bringen soll, ist sechs Seiten lang. Zunächst gibt sich die WFKS zerknirscht. »Wir verhehlen nicht, daß unsererseits eine rechtzeitigere und klare Darstellung der tatsächlichen Verhältnisse (...) sicherlich zu ganz anderen, objektiveren Berichterstattungen und Tatbständen geführt hätte.« Die WFKS versteht die »Sorgen und Ängste« der Bürger, die Manöverbetrieb und Umweltverschmutzung befürchten. Schließlich liegt auch der WFKS »eine gesunde Natur sehr am Herzen«. Dann kommt man zum Kern des Anliegens. Der mit der Errichtung des Depots verbundene Segen für Schlüchtern wird in leuchtenden Farben beschrieben: »Es werden viele neue Arbeitsplätze geschaffen und ein Beitrag geleistet, um die Arbeitslosigkeit, die sicherlich auch in Ihrer Stadt drückt, zu vermindern.« Auf Seite 6 dann, quasi als krönender Abschluß des Briefes, der Joker der WFKS: »Der Vermieter wird die Stadt Schlüchtern als Ausgleich für fehlende Gewerbesteuereinnahmen aus diesem Objekt für soziale Zwecke 100 000,– DM zur Verfügung stellen. Gedacht ist hierbei insbesondere an Kindergärten, Altenheime, Verschönerungen im Stadtgebiet oder ähnliches.« Der WFKS legt Wert auf die Feststellung, dies sei natürlich kein Bestechungsversuch.

Der Bürgermeister, der gerne wiedergewählt werden will, bleibt hart, und schließlich lehnt der Main-Kinzig-Kreis, zu dem Schlüchtern gehört, die US-Nutzung des »Wosana«-Geländes ab. Die MDBG und ihre amerikanischen Hintermänner waren gescheitert.

Erfolge und Mißerfolge bei der militärischen Landnahme durch die private MDBG waren Thema einer Sitzung beim V. Corps im Frankfurter IG-Farben-Haus. Teilnehmer waren, neben verschiedenen US-Offizieren, auch Vertreter der MDBG. Verärgert über das teilweise tolpatschige Vorgehen der MDBG, merkt Willy E. Lehninger in seinem Bericht über das Treffen an:

»Im Hinblick auf die feindselige Publicity, die den US-Streitkräften zuteil wurde, warnte ich vor weiteren Verhandlungen mit Kommunalpolitikern ohne vorherige Absprache mit dem zuständigen US-Verbindungsbüro, um das politische Klima in den vorhergesehenen Regionen zu überprüfen.«

Erfolgreich waren die Strohmänner der MDBG dagegen in Buchen im Odenwald. Dort hatte man das Fabrikgelände einer Pleitefirma ausgespäht. Rasch war man mit Bürgermeister Frank handelseinig geworden, ein entsprechender Bebauungsplan wurde am 10. Juni 1986 aufgestellt. »Bei der geplanten Anlage«, so Bürgermeister Frank auf einer Gemeinderatssitzung, »handelt es sich, so wie sich die Rechtslage darstellt, um eine zivile Anlage«, sie sei also genehmigungsfähig. Eine militärische Einrichtung, bekräftigt der Bürgermeister, werde die Zustimmung der Stadt nicht finden. Über das Ansinnen der MDBG wurde heiß diskutiert.

Schließlich stimmte der Gemeinderat dem Projekt zu. Mit einer Einschränkung allerdings, so der Beschluß: »Falls die Baurechtsbehörde zu der Überzeugung kommt, es handelt sich um eine militärische Anlage, lehnt der Gemeinderat die Bauvoranfrage ab.« Daß das geplante Depot keine Zivileinrichtung ist, das stellte nicht nur das Verwaltungsgericht Stuttgart fest. Die MDBG selbst bestätigt in einem Schreiben an den Buchener Bürgermeister vom 6. Januar 1988, daß die »Ausgabe des Wehrmaterials in Kriegs- oder Krisenzeiten als Ersatz für ausgefallenes Gerät« zu ihren Aufgaben gehört.

Nun hätte der Gemeinderat, seinem eigenen Beschluß folgend, die Nutzung des Geländes als Depot ablehnen müssen. Statt dessen änderte man kurzerhand das Industriegebiet in ein Sondergebiet. Das US-Depot konnte gebaut werden.

Inzwischen ist das Interesse von USAREUR an dem MDBG-Depot erloschen. Gekündigt wurden bereits die Verträge zur Bewirtschaftung von Babenhausen und Kitzingen. Die restlichen vier Depots will man zum 30. September 1991 aufgeben.

»Gute Zusammenarbeit«

Verkehrsprobleme und ihre Regelung

Karlshuld, Januar 1990. Der 35jährige Familienvater aus dem bayerischen Königsmoos hat keine Chance. In der Nacht zum 10. Januar 1990 rast er mit seinem Audi frontal in einen US-Truck, der unbeleuchtet quer auf der Fahrbahn steht. Helmut J. ist sofort tot. Der US-Laster gehört zu einer in Fulda stationierten Einheit, die das Wintermanöver »Reforger 90« vorbereiten soll. »Niemand hier kann das begreifen«, regt sich der Karlshulder Bürgermeister auf. »Im Osten fällt der Eiserne Vorhang und bei uns üben die Amerikaner den Krieg. Das ist doch alles Irrsinn.«

Weilerbach, April 1989. Ein Konvoi US-Raketen rollt durch die Dörfer. In Weilerbach schließlich kracht es. Weil die Bremsen versagen, lenkt der Fahrer eines HAWK-Transporters seine schwere Zugmaschine gegen eine Häuserwand, »um Schlimmeres zu verhüten«, wie er später zu Protokoll gibt. Zunächst habe er versucht, auf seinen Vordermann aufzufahren, dies mißglückte, weil ein Personenwagen entgegenkam.

»Die Allgemeinheit hat einen Anspruch darauf, vor den Gefahren der technischen Entwicklung und den Risiken einer Industriegesellschaft – soweit wie irgend möglich – geschützt zu werden«, heißt es in der Antwort der Bundesregierung auf eine kleine Anfrage der SPD zum Thema »Transport gefährlicher Güter«. Die Realität spricht dem Hohn. Hochgefährliche militärische Güter werden tagtäglich auf bundesdeutschen Straßen transportiert, auf technisch mangelhaften US-Transportern, mit schlecht ausgebildeten Fahrern. Oftmals endet im militärischen Bereich die Zuständigkeit bundesdeutscher Behörden schnell, nicht immer de jure, aber de facto. Dies gilt auch z. B. für Unfälle mit dem besonders risikoreichen Waffensystem PATRIOT.

Grundsätzlich zuständig bei Unfällen sind die bundesdeutschen Behörden. Die allerdings erhalten nur allzuoft verspätet oder überhaupt keine Kenntnis eines Unfalls. US-Begleitmannschaften übernehmen Absperr- und Bergungsmaßnahmen. Im sogenannten Nucflash-Plan der Amerikaner, der Unfallvorschrift für den Fall, daß möglicherweise nukleare Munition beschädigt worden ist, heißt es: »Unter bestimmten Umständen können die US-Streitkräfte Aufgaben der zivilen Behörden des Gastlandes übernehmen.«

In der Antwort des bayerischen Innenministeriums auf eine Landtagsanfrage der Grünen vom März 1989 kann man nachlesen: »Die PATRIOT-Transporte werden nach den Bestimmungen der Gefahrengutverordnung Straße durchgeführt. Bei der Einhaltung der Bestimmungen der Gefahrengutverordnung Straße stellen derartige Transporte keine besondere Gefahr für die Öffentlichkeit dar. Die Fahrzeugbesatzungen sind entsprechend ausgebildet und werden durch Unfallmerkblätter über ihr Verhalten während des Transportes und bei etwaigen Vorkommnissen belehrt.« Ehrlicher in Sachen US-Militärtransporte war da schon der Presseoffizier der Military Community Mainz, als er im Juni 1985 feststellte: »Es ist eine Tatsache, daß die US-Inspektionen etwas weniger streng als die deutschen sind.«

Für amerikanische Militärtransporte gelten nach Artikel 57 Absatz 3 des Zusatzabkommens zum NATO-Truppenstatut die deutschen Verkehrsvorschriften, dazu zählt auch die Gefahrengutverordnung Straße. Allerdings genießen die alliierten Streitkräfte nach Paragraph 8 der Gefahrengutverordnung Straße Sonderrechte: Sie wenden ihre eigenen Vorschriften an, sofern sie gleich- oder höherwertige Ansprüche stellen. US-Fahrzeuge unterliegen nicht der Überwachung, wie sie für zivile Gefahrenguttransporter zwingend vorgeschrieben ist. Nach dem NATO-Truppenstatut sind dienstliche Führerscheine der NATO-Partner anzuerkennen. Oft sind die Fahrer von US-Transportern unter 21 Jahren und verfügen nur über geringe Fahrpraxis.

Am 28. Juni 1989 mußte Staatssekretär Beckstein im Bayerischen Landtag zugeben: »Da deutsche Dienststellen in der Regel von derartigen Transporten nicht unterrichtet werden, kann auch die Einhaltung der Vorschriften nicht gezielt kontrolliert werden. In Bayern werden derzeit noch keine Routinekontrollen von US-Militärfahrzeugen durchgeführt.«

Derartige Kontrollen gab es zu diesem Zeitpunkt bereits in Rheinland-Pfalz – allerdings mehr zur Beruhigung der Öffentlichkeit als zur wirklichen Überwachung hochgefährlicher Transporte.

Am 24. August 1987 um 15 Uhr klingelte im US-Verbindungsbüro für Rheinland-Pfalz und das Saarland das Telefon. Am Apparat war Günther Ganz, der stellvertretende rheinland-pfälzische Polizeichef. Der Anruf verhieß nichts Gutes für die Amerikaner, so der Bericht des Verbindungsbüros:

»Ein Munitionstransporter war mit rauchenden Bremsen bei Birkenfeld gestoppt worden. Nach Angaben der deutschen Polizei war der Transporter nicht nur überladen, man hatte sich zudem nicht an die Geschwindigkeitsbegrenzung gehalten. Auf einer abschüssigen Straße (Neigungswinkel 8 Prozent) fingen die Bremsen an zu rauchen, was die deutsche Polizei dazu veranlaßte, den Transporter außerhalb von Birkenfeld anzuhalten. Eine Überprüfung zeigte, daß die Bremsen glühten und rauchten. Beladung des Transporters: Raketen und explosives Material. Die amerikanische Militärpolizei, die hinzugezogen wurde, orderte ein Ersatzfahrzeug. Be- und Entladung sollte 12 Stunden in Anspruch nehmen.«

Aufgefallen war die Höllenfahrt des US-Trucks Helmut Lieber, dem Leiter der Vollzugspolizei im Kreis Birkenfeld, der an jenem Montag gegen 13 Uhr mit seinem Dienstwagen unterwegs war. Der Birkenfelder Polizist berichtete später, er habe den Qualm der rauchenden Bremsen bereits gerochen, als das US-Fahrzeug noch gar nicht in Sicht war: »Die Bremsen haben geglüht. Wenn die Bremsen auf dem Weg in die Stadt ganz ausgefallen wären, hätte es zu einem ähnlichen Unfall wie in Herborn kommen können.« Lieber stoppte den Transport und lotste den Laster auf einen Parkplatz, wo dieser entladen wurde. Für den Polizisten war die Angelegenheit damit erledigt. Alles weitere, so vertraute er der örtlichen Zeitung an, sei Sache der Amerikaner in Heidelberg.

Peinlich für die Amerikaner, daß ausgerechnet der oberste

Polizist im Landkreis am Unfallort war, peinlich auch, daß sie im Birkenfelder Landrat Ernst Theilen einen unbequemen Gegner hatten, der sich schon des öfteren über Mißstände bei Munitionstransporten der U.S. Army im Landkreis aufgeregt hatte. Unangenehm für die Amerikaner war über ein Jahr zuvor bereits ein Brief, den Theilen an zwei Bundestagsabgeordnete mit der Bitte um Unterstützung schrieb, da die Bemühungen des Kreises »offensichtlich zu keiner Besserung geführt haben«:

»Im November und Dezember 1985 wurden Gefahrenguttransporte der U.S. Army gezielt durch unseren Verkehrsüberwachungsdienst überprüft. Hierbei mußte leider festgestellt werden, daß keinesfalls eine Verbesserung eingetreten war. Nicht ein einziger Transport entsprach den Mindestanforderungen der Gefahrengutverordnung Straße. Insbesondere wurden folgende Mängel festgestellt:

1. Kein Fahrzeugführer hatte eine besondere Ausbildung erhalten.

2. Kein Fahrzeugführer wußte im einzelnen, was er transportierte.

3. Kein Fahrzeugführer wußte, welche besondere Ausrüstung er benötigte.

4. Kein Fahrzeug war ordnungsgemäß mit Warntafeln ausgerüstet.

5. Begleitpapiere wurden teilweise nicht ausgehändigt oder waren nicht vorhanden; in den übrigen Fällen war anhand der Begleitpapiere eine genaue Definition des transportierten Stoffes nicht möglich.

6. Vorschriften über das Zusammenladeverbot wurden nicht beachtet.

7. Die Ladung wurde in bedeckten Fahrzeugen transportiert, bei denen die Planen nicht den Vorschriften entsprachen, sondern lediglich über die Versandstücke gelegt waren.

8. Die Versandstücke waren nicht genügend gegen das Verrutschen gesichert.

9. Die Stoffe der Klasse I (Explosivstoffe) wurden in hierfür nicht zugelassenen Fahrzeugen transportiert.«

Das Fazit des Landrates: »Ein derart nachlässiger Umgang und Transport von gefährlichen Gütern auf unseren Straßen gefährdet die öffentliche Sicherheit und Ordnung unmittelbar.«

Schützenhilfe erhielten die derart kritisierten Amerikaner vom rheinland-pfälzischen Ministerium des Innern und für Sport. Hier beanstandete man nicht etwa den leichtsinnigen Umgang der Army mit gefährlichen Gütern, sondern belehrte den Birkenfelder Landrat »aus Rechtsgründen«. Die eigenmächtig veranlaßten Kontrollen seien rechtswidrig, weil nach NATO-Truppenstatut die deutsche Polizei US-Fahrzeuge nicht kontrollieren dürfe.

Pech für die eifrigen Rheinland-Pfälzer: Die Position der Bundesregierung in Sachen Verkehrskontrollen bei US-Fahrzeugen ist genau entgegengesetzt. Am 15. Januar 1986 antwortete der Parlamentarische Staatssekretär im Bundesverteidigungsministerium auf eine Anfrage der Germersheimer Kreistagsabgeordneten Margaretha Lochner: »Soweit Verkehrsvorschriften im weitesten Sinne betroffen sind, hat die Polizei das Recht, auch Transporte der amerikanischen Streitkräfte zu überprüfen.«

Nach dem Birkenfelder Beinahe-Herborn wandte sich das US-Verbindungsbüro erneut an das rheinland-pfälzische Ministerium des Inneren und für Sport, »und erfuhr, daß der Staatssekretär Basten unverzüglich einen Brief an das USFLO schikken wolle, in dem er die Tragweite des Unfalls noch einmal herausstellen und eine gemeinsame deutsch-amerikanische Inspektion vorschlagen wolle«. Der Unfall wurde zum Politikum und damit zur Chefsache. Staatssekretär Schleyer, der Leiter der rheinland-pfälzischen Staatskanzlei, schaltete sich ein. »Schleyer sagte«, so Robert G. Shackleton in seinem Bericht vom 3. September 1987, »daß Ministerpräsident Dr. B. Vogel mit großer Besorgnis diese Tatsachen betrachte, und ihn deshalb anwies, unverzüglich General Otis anzurufen. Ich sagte Schleyer, daß es besser wäre, dieses Thema erst einmal mit dem Stabschef zu diskutieren, und schlug vor, daß ich Kontakt zu dem USAREUR-Stab herstellen würde. Ich versicherte ihm, daß

General Otis Kenntnis von dem Vorfall habe, daß USAREUR und der Stab sich mit dem Problem befassen würde.«

Schleyer erwies sich, so der Bericht, als guter Freund der amerikanischen Freunde, indem er die »politische Brisanz der Inspektionen nach dem Birkenfeld-Zwischenfall« anerkannte: »Schleyers Vorschlag folgend, sagte ich meine Bereitschaft zu, den Polizeipräsidenten Ludwig in der ersten Septemberhälfte informell zu besuchen, um die Fragen zu erörtern, die eine Inspektion hinauszögern könnten. Ich sagte Schleyer, daß wir Zusammenarbeit beabsichtigen, die Inspektionen aber auf der Basis von US-Maßstäben durchführen werden. Die deutsche Polizei soll nur observieren, die Ergebnisse der Inspektionen werden vierteljährlich zusammengefaßt.«

Besonders bemängelt wird immer wieder die unzureichende Ausbildung der amerikanischen Fahrer. In diesem Sinne schrieb Dr. Schmidt, ein Beamter des rheinland-pfälzischen Innenministeriums, am 18. Februar 1988 an die USFLO für Rheinland-Pfalz und das Saarland. Nach seinem Bericht zu diesem Thema reagierte das USFLO ungehalten:

»In der Zwischenzeit erschien eine Reportage in der Staatszeitung vom 21. März 1988, die mit einem Statement des Ministers für Wirtschaft und Verkehr, Brüderle, begann. Dieser beklagte, daß die US-Streitkräfte jungen Fahrern ohne ausreichende Qualifikation das Fahren von Panzertransportern erlaube. In unserem ausführlichen Brief an Dr. Schmidt baten wir ihn, Minister Brüderle zu informieren, daß wir uns wünschen, er hätte uns vor seinem Statement bezüglich exakter Daten um Auskunft gebeten, da wir der Ansicht sind, daß diese von ihm erhobenen Anschuldigungen nicht den Tatsachen entsprechen. Unsere Antwort können Sie im folgenden lesen: Deutsche wie amerikanische Fahrer müssen die Fahrerakademie besucht haben, bevor sie Panzertransporter fahren dürfen. Sie erhalten eine spezielle Ausbildung für diese Fahrzeuge, und sie müssen über besondere Qualifikationen verfügen, bevor sie auf öffentlichen Straßen fahren dürfen. Eine Fahrerausbildung erstreckt sich über einen Zeitraum von drei Wochen, das Training ist rigoros und gründlich, es beinhaltet eine theoretische wie praktische Unterweisung, deutsche Verkehrsregeln werden gelernt und der Fahrer absolviert mindestens 40 (›supervised off-Road‹) Fahrstunden. Danach wird er noch weitere 3000 Meilen von einem qualifizierten Non-Commission Officer begleitet, bevor er befugt ist, Fahrzeugoperationen vorzunehmen. Die Fahrer werden regelmäßig überprüft, und wenn einer in einen Unfall verwickelt war, erhält er unverzüglich neuerliches Training. Zusätzlich werden periodisch Überprüfungsfahrten durchgeführt, um unerwünschte Fahrgewohnheiten, die der Fahrer entwickelt haben könnte, zu erkennen. Ein Fahrer muß mindestends 18 Jahre alt sein, und da in Amerika die Fahrer jünger sind als die zivilen Autofahrer in der Bundesrepublik, sind wir zufrieden, über derart qualifizierte Fahrer zu verfügen.

Wir erklärten Dr. Schmidt, daß wir auf manche Aspekte sehr detailliert eingingen, weil wir die Dinge für Minister Brüderle zurechtrücken wollten. Wir würden uns über ein Treffen mit ihm freuen, und würden ihn oder Vertreter des Ministeriums des Inneren in unserer Fahrschule willkommen heißen, um ihnen unsere Bemühungen bezüglich gut trainierten und qualifizierten Fahrern vorzuführen.«

Am 19. Oktober 1988 fand in Rheinland-Pfalz die erste deutsch-amerikanische Überprüfung von US-Militärfahrzeugen statt – unter großem öffentlichen Interesse und mit mäßigem Erfolg. Unzureichende Bremsen, abgefahrene Reifen sowie Kurzschlüsse in der Elektrik bemängelten die Inspektoren. Zwei der drei überprüfen Fahrzeuge waren defekt. Auch kam es »zu Mißverständnissen zwischen den Vertretern der deutschen Polizei und den amerikanischen Streitkräften vor Ort«, so der USFLO-Bericht. Die mißlungene Inspektion veranlaßte den rheinland-pfälzischen Polizeichef Ludwig zu tiefer Sorge, so die Amerikaner:

»Herr Ludwig stellte fest, daß, wenn eine parlamentarische Anfrage vom Innenministerium beantwortet werden müßte, er antworten müßte, daß zwei der drei Tucks schwerwiegende Mängel hatten. Der hohe Prozentsatz (zwei von drei) würde allgemein als Beweis für die Behauptungen der Opposition gelten, unsere Munitionstransporte wären unsicher.«

Die Regularien für die gemeinsamen Verkehrsinspektionen sind in einem USAREUR-Papier vom 1. November 1989 festgeschrieben. Die Aufgaben der Deutschen und Amerikaner sind darin sehr unterschiedlich verteilt: »Die Amerikaner inspizieren die Fahrzeuge, stellen Defekte fest und ordnen Maßnahmen an, wenn nötig. Die Bundesdeutschen überwachen die Inspektion, kontrollieren den Verkehr und sorgen für die Sicherheit.« Die Aufgabe der deutschen Polizisten: Herauswinken des US-Fahrzeuges. Danach geht die Verantwortung bis zum Ende der Fahrzeugkontrolle auf die Amerikaner über.

Wenig »Gemeinsames« also, vor allem, da »klassifiziertes gefährliches Material, Fahrzeuge im Konvoi mit sechs oder mehr Fahrzeugen und Fahrzeuge, die kein Gefahrgut transportieren«, von vorneherein von den Kontrollen ausgeschlossen sind. Außerdem, um den US-Einheiten das Ausweichen leichter zu machen, soll es nur eine Kontrolle pro Vierteljahr geben und diese auch nur von 8.30 Uhr bis 15 Uhr. Ort und Datum werden sechs Wochen im voraus festgelegt.

Wenig verwunderlich, daß bei den ersten derartigen Verkehrskontrollen in Hessen am 12. Dezember 1989 überhaupt keine US-Militärfahrzeuge von den frierenden Inspektoren gesichtet wurden. Ging doch zuvor ein Fernschreiben vom zuständigen Transportoffizier an alle Einheiten im Bereich des V. Corps, in dem Zeit und Ort der Kontrollen bekanntgegeben wurden: die Autobahn A5 und die Bundesstraße 45.

Sicherheitshalber beigefügt waren dem Fernschreiben die genauen NATO-Koordinaten der Kontrollpunkte.

»Die dritte Gewalt und die vierte«

Vom Umgang mit Gerichten und Medien

Der Artikel 2 des Zusatzabkommens zum NATO-Truppenstatut verbietet den Stationierungsstreitkräften die Einmischung in die inneren Angelegenheiten des Gaststaats. Auf diesen Immunitätsstatus berufen sich die US-Streitkräfte gern, wenn etwa der Untersuchungsausschuß des Deutschen Bundestages zur Katastrophe beim Flugtag in Ramstein am 28. August 1988 mit den Vollmachten nach der Strafprozeßordnung ausgestattete amerikanische Offiziere von der Air Base Ramstein als Zeugen hören will. Der US-Botschafter ließ den Ausschußvorsitzenden Alfred Biehle unter Berufung auf den Immunitätsstatus der Streitkräfte wissen, daß keiner der US-Luftwaffenoffiziere vor dem Untersuchungsausschuß erscheinen werde. Sein italienischer Kollege schloß mit dergleichen Begründung eine Einvernahme von Piloten der Unglücksstaffel Frecce Tricolori aus.

Wo die US-Streitkräfte vor Ort mit der dritten Gewalt konfrontiert werden, weil Bürgerinitiativen oder Kommunen gegen ihre Ausbaupläne klagen, sind sie nicht so abstinent gegenüber den Gerichten. Die ausländischen Streitkräfte sind zwar nie Verfahrensbeteiligte, weil das Bundesministerium der Verteidigung sie vor Gericht vertritt, aber so ganz wollen die US-Streitkräfte sich dennoch nicht aus laufenden oder drohenden Prozessen heraushalten.

In seinem Schreiben an das VII. US-Corps vom 8. Februar 1990 setzte sich der Kommandeur der 1. US-Panzerdivision, General Ronald H. Griffith, unter anderem mit den Chancen der Gegner der Stationierung von Kampfhubschraubern im bayerischen Ansbach auseinander: »Wenn die Gegner der Stationierung der APACHES in Katterbach mit Hilfe der Gerichte die Ankunft der Fluggeräte der Kampfhubschrauberstaffel 2-1 blockieren wollen, so sind ihre Erfolgsaussichten nicht sehr groß:

1. Zunächst einmal sind die Umstände in Ansbach in keiner

Weise mit denen in Wiesbaden zu vergleichen. Wiesbaden ist ein städtisches Gebiet; Ansbach liegt hauptsächlich im ländlichen Bereich... Wiesbaden liegt in Hessen, das politisch liberal und relativ stark gegen das Militär eingestellt ist. Ansbach liegt in Bayern, das traditionell stets Sympathie für das Militär hegte...

2. Der zweite Faktor ist die Haltung der Gerichte in Ansbach. Wollte man versuchen, die Ankunft der Fluggeräte der 2-1 mit gerichtlichen Mitteln aufzuhalten, so wäre hierfür das Bayerische Verwaltungsgericht in Ansbach zuständig. Der Präsident dieses Gerichts ist Dr. Schmitt, seit langem ein Freund der US-Streitkräfte. Dr. Schmitt würde die Sache mit großer Wahrscheinlichkeit der Kammer zuweisen, der Richter Ohl vorsteht. Ohl ist Reserveoffizier der Bundeswehr und hat viel Verständnis für die US-Präsenz. Kürzlich traf er eine positive Entscheidung in einer Sache zum Tieffligthema. Wir können zwar die Entscheidung des Gerichts nicht mit Sicherheit voraussagen, es scheint jedoch unwahrscheinlich, daß das Verwaltungsgericht in Ansbach einer Verhinderung der Rückkehr der Fluggeräte der 2-1 mit rechtlichen Mitteln positiv gegenüberstehen würde.«

Fazit des Generals Griffith: Wenn man sich für einen Rechtsstreit um die Stationierung der Kampfhubschrauber optimal rüsten wolle, dann müßte man der Empfehlung des Bundesverteidigungsministeriums zur sofortigen Stationierung weiterer Hubschrauber in Katterbach folgen. Da die Freunde von der CSU dies jedoch als »Trick und Vertrauensbruch« empfinden würden, der ihnen im laufenden bayerischen Kommunalwahlkampf ein ungeliebtes Wahlkampfthema aufgezwungen hätte, sollte, so Griffith weiter, mindestens bis zum Wahltag am 18. März 1990 keine Stationierung erfolgen (siehe auch Seite 31f.).

Durch die Bekenntnisse von US-General Griffith aus der richterlichen Ruhe gerissen, wies der Präsident des Verwaltungsgerichts Ansbach, Dr. Lothar Schmitt, die Einschätzung empört zurück, daß Richter des von ihm geleiteten Gerichts nicht objektiv, sondern als Freunde der US-Streitkräfte »in deren Angelegenheiten zu deren Gunsten« entscheiden würden.

Amerikanischen Besuch erhielt der Wiesbadener Verwaltungsrichter Dr. Manfred Kögel, als er 1987 mit dem Rechtsstreit zwischen der Stadt Wiesbaden und der Bundesrepublik Deutschland über die Stationierung von US-Kampfhubschraubern befaßt war. Am Vortag des zweiten Verhandlungstages erschien unangemeldet ein Deutschamerikaner namens Wolfgang Boettcher bei ihm im Büro. Sein Entree verschaffte er sich mit einer Frage: Morgen wolle er im Zuhörerraum sitzen und die Verhandlung verfolgen. Ob der Richter ihn – wie nach amerikanischem Recht möglich – dann als Zeugen in den Zeugenstand rufen könnte. Kögel beruhigte ihn mit der Auskunft, daß dies nach deutschem Recht nicht möglich sei.

Was sich dann als Gespräch über den Gegenstand des Verfahrens entwickelte, empfand der Wiesbadener Richter zugleich als Auf-den-Busch-Klopfen wie als Versuch des amerikanischen Gesprächspartners, darzustellen, daß er als ehemaliger Oberleutnant der Luftwaffe ebensowenig wie sein Beisitzer und Reserveoffizier der Bundeswehr, Schecker, in die Staatsverräterecke gehören, in die sie der Vertreter des Bundesministeriums der Verteidigung, Dr. Korte, gerne stellte. Boettcher hatte nämlich längst erfahren, daß es auf der Hardthöhe Bestrebungen gab, Kögel wegen Befangenheit das Verfahren entziehen zu lassen. Zum Verfahren selbst erläuterte ihm Kögel nur, was andere Gerichte in letzter Zeit an Maßstäben gesetzt hätten.

Die Visitenkarte, mit der sich Boettcher vorstellte, trug die wohlklingende Bezeichnung »Public Affairs Adviser«. Diese Dienststellung hatten die US-Streitkräfte eingeführt, als das politische Klima für sie zunehmend rauher wurde, um neben den überwiegend deutschen Pressesprechern der amerikanischen Militärgemeinden PR-Profis im Außendienst zu haben. Wegen des anspruchsvollen Anforderungsprofils – gesucht wurden fließend deutsch sprechende Amerikaner mit guten Kenntnissen der bundesdeutschen Politik- und Presselandschaft – konnten in der Rhein-Main-Region nur zwei Bewerber gefunden werden: Robert Wyatt und Wolfgang Boettcher. Bob Wyatt amtiert immer noch in Frankfurt und rühmt sich, mit dem zuständigen Stadtrat für multikulturelle Angelegenheiten, Daniel Cohn-Bendit, freundschaftlich zu verkehren. Den trouble-shooter für Rassenkonflikte, wie ihn die US-Militärzeitung *Stars & Stripes* nennt, brauchte er besonders im August 1989, als 130 Äppelwoiwirte und Restaurantbesitzer aus dem Stadtteil Sachsenhausen ihre Lokale für GIs gesperrt wissen wollten. Doch mit der Hilfe von »Danny the Red« entschärfte Bob Wyatt auch diesen Konflikt – durch vermehrte deutsch-amerikanische Polizeistreifen und verdeckte Drogenfahndung des US-Kriminalkommandos CID in Frankfurt. Fred Boettcher dagegen wurde von Wiesbaden nach Ramstein versetzt.

Natürlich wird nicht direkt auf die Richter eingewirkt, in inoffiziellen Gesprächen wird aber doch der eine oder andere Tatbestand diskutiert.

So auch am 26. Juli 1988, als Robert G. Shackleton mit dem Richter vom Verwaltungsgericht Wiesbaden, Schecker, plauderte. In dem Gespräch stellte Schecker fest, daß die Entscheidung der Stadt über das Stationierungsvorhaben der APACHE-Hubschrauber auf der Wiesbaden Air Base in den nächsten Tagen erwartet wird. Die Gerichte würden anschließend die juristischen Belange prüfen, insbesondere die rechtlichen Grundlagen der Präambel der Berliner Gerichtsentscheidung, die eine Stationierung von 100 Fluggeräten ohne vorherige Anhörung gestattet. Sollte die Auslegung »100 dürfen stationiert werden ...« nur eine Interpretation des Verteidigungsministeriums sein, und nicht die des Gerichtes, werde das Gericht wahrscheinlich auf eine Aufschiebung der Stationierung bis zur Beendigung der Anhörungen entscheiden. Diese richterlichen Erläuterungen paßten den Streitkräften nicht ins Konzept. So kommentierten sie denn auch, daß ein Gerichtsurteil, welches weitere Truppenstationierung und Materiallieferungen verbietet, nicht wünschenswert sei.

Mit Besorgnis wurde auch das Urteil des Verwaltungsgerichts Darmstadt zum Tiefflug aufgenommen. Im Bericht vom

24. Oktober 1988 weist Shackleton besonders darauf hin, daß es das erste Mal sei, daß ein Gericht eine Entscheidung traf, die, wenn sie durch weitere Urteile bestätigt werden sollte, die Übungsaktivitäten der Streitkräfte einschränken würde. Nach Ansicht des Verwaltungsgerichtes war nicht überzeugend dargestellt worden, warum Übungstiefflüge unter 300 Meter nötig sind, um die Verteidigungsfähigkeit zu erhalten.

Dieses Urteil, so die amerikanische Bewertung, könnte ein Hinweis darauf sein, wie andere Gerichte in der Zukunft entscheiden werden, wenn es um Fragen der nationalen Verteidigung geht.

Die hier aufgeführten Fälle stellen keine Einzelfälle dar und auch keine Alleingänge von einzelnen amerikanischen Streitkräfteangehörigen. Das USAREUR-Programm zur Verbesserung der Beziehungen zum Gastland Bundesrepublik vom Frühjahr 1989 listet Möglichkeiten auf, wie die US-Interessen an Streitkräftemodernisierung und Manövern den Deutschen nahezubringen seien. Neben einem zu erarbeitenden Sonderprogramm für Träger von Verdienstorden wird auch auf ein Betreuungsprogramm des Office for Justice Affairs für westdeutsche Juristen hingewiesen.

Alarmierend sind die Berichte des US-Verbindungsbüros in Wiesbaden immer dann, wenn bei der Durchsetzung von US-Streitkräfteinteressen irgendwo »legal affairs«, d. h. rechtliche Schritte von Betroffenen gegen diese Projekte drohen. Wie im Fall Ansbach sind die Amerikaner daher bemüht, bereits vor dem Eintreffen einer Klage über zu erwartende rechtliche Schritte ihrer Opponenten unterrichtet zu werden.

Ebenso wichtig wie die Observation und das Einwirken auf die dritte Gewalt für die Bemühungen, die weitreichenden Modernisierungspläne der US-Streitkräfte und ihre Infrastrukturfolgen durchzusetzen, ist der Einfluß auf die vierte Gewalt, auf die Medien. Die Unpopularität der in der Bundesrepublik stationierten amerikanischen Streitkräfte wächst seit der Nachrüstungsdebatte Ende der siebziger Jahre. Immer mehr Menschen empfinden die U.S. Army zunehmend als umweltgefährdend und politisch deplaziert. Dieser Sinneswandel spiegelt sich auch in der Berichterstattung der Presse wieder. Nicht mehr nur die kritischen Fernseh- und Rundfunkmagazine oder die »linke Kampfpresse« berichten über das Tiefflugproblem und die psychischen Folgen für die Bevölkerung, die NATO-Doktrin und ihre Angriffskomponente, die Aufrüstung und ihre Folgen. Die militärkritischen Themen sind in den überwiegend konservativ bestimmten Tageszeitungen ebenso präsent, wie – nicht erst seit den Unglücken von Ramstein und Remscheid – in der Boulevardpresse. Seit selbst die deutsche Ausgabe des *Readers' Digest* 1987 gegen militärischen Tiefflug wetterte und die ADAC-Mitgliederzeitschrift *Motorwelt* Manöververkehr verdammt, gehört es zum guten Ton in deutschen Medien, ausländische Streitkräfte zu attackieren.

Die deutsche Presse und deren Journalisten wurden somit zwangsläufig zu einem zentralen Problem in den Chefetagen der US-Pressebüros. Statt wie in den siebziger Jahren begeistert von deutsch-amerikanischen Volksfesten oder Pioniertaten auf Abenteuerspielplätzen zu berichten, machte selbst die weitgehend konservative Regionalpresse den Widerstand von Friedensgruppen, Grünen und SPD zum Thema. Fast täglich muß sich das USFLO-Büro ebenso wie die Pressestäbe der US-Militärgemeinden mit Zeitungsberichten auseinandersetzen, die dem Ansehen oder den Absichten der US-Streitkräfte schaden. Sei es, daß am 5. Februar 1988 über die Festnahme von neun in der Hanauer Militärgemeinde illegal Beschäftigten und dem Verdacht, es seien dort insgesamt 100, berichtet wird, oder daß die Presse am 17. Februar die Pläne der US-Streitkräfte zum Ausbau des Munitionsdepots im hessischen Unterbimbach angreift.

»Selbst als die Pläne und Operationen der US-Streitkräfte noch geringere politische Folgen hatten, gab es immer die Möglichkeit, daß sich ein US-Kommandeur in eine örtliche Kontroverse verwickelt sah, was sich in feindseligen Medienschlagzeilen hätte niederschlagen und zu anhaltendem Haß auf die Army hätte führen können«, erläutert die USAREUR-Studie vom Mai 1983 zu den »Bedingungen in Deutschland, unter denen USAREUR leben und operieren muß« den schwierigen Kampf mit der Presse.

Eigentlich sei es auch nicht die Aufgabe von USAREUR, die Deutschen darin zu unterweisen, was gut für ihre Verteidigung ist, sondern Aufgabe der Bundesregierung, erläutert die Studie weiter. Die jedoch kneift ebenso wie Landesregierungen und Bürgermeister immer häufiger, wenn es gilt, für die US-Streitkräfte und ihre Aktivitäten ein gutes Wort einzulegen.

So hoffen die Amerikaner, daß sich wenigstens ihre Bundeswehrkameraden im Kampf um die Köpfe auf ihre Seite stellen – mit gelegentlichem, aber zweifelhaftem Erfolg. Ein überaus eifriger deutscher Oberstleutnant nahm sich am 11. Mai 1989 die *Butzbacher Zeitung* und dessen Redakteur Toni Seib vor. Mit zwei amerikanischen Luftwaffenoffizieren im Gefolge stürmte der Oberstleutnant in die Redaktion. Ob der Redakteur Seib den Artikel »Ärger über Tiefflieger« vom 25. April geschrieben habe, fragte er in scharfem Ton nach kurzer Begrüßung. Er kenne viele Journalisten, meint er abschweifend weltmännisch, um dann von oben herab hinzuzufügen, er hoffe, daß Seib seinen Job ordentlich mache. Dann kommt er zur Sache. Wer sich denn beschwert habe, fragt er militärisch knapp und will Namen hören. Er bekommt sie natürlich nicht. Er fragt, wie der Redakteur dazu käme, solch tendenzielle Artikel zu schreiben, wo sich doch niemand beschweren würde. Nach einer halben Stunde Nachhilfeunterricht über die absolute Notwendigkeit der Institution des Wehrbeauftragten in der Bundeswehr formiert sich die Speerspitze der Luftwaffe im heimischen Raum zum geordneten Rückzug.

Einweisungen für den Umgang mit der Presse erhielten die eigenen PR-Strategen der US-Streitkräfte im Sommer 1989. In dem USAREUR-Programm zur Verbesserung der Beziehungen zum Gastland wird in bezug auf die Presse u. a. ausgeführt: Um Streitkräftebetrieb und Manöver den Deutschen nahezubringen, sollen Artikel z. B. in der Arbeitnehmerzeitung *Das Echo* veröffentlicht werden, einem vom Personalchef von USAREUR herausgegebenen Blättchen für die Zivilbeschäftigten.

In Gießen hatten sich die verantwortlichen Presseoffiziere

etwas Besonderes einfallen lassen. Da sich immer deutlicher abzeichnete, daß das geplante amerikanische Bauprojekt im Gießener Depot auf großen Widerstand in der Bevölkerung stieß, somit auch nicht zu erwarten war, daß der Tenor der Presseberichterstattung sich wesentlich von der allgemeinen Stimmung unterscheiden würde, griff man zu einem altbewährten Mittel: Pressestammtische.

Pressestammtische sind unter den Pressesprechern von Parteien ein beliebtes Mittel, bei Bier, Wein und einem guten Essen die Dinge »klarzustellen« oder, wie es die amerikanischen Kollegen ausdrücken, um die Gießener Journalisten aus erster Hand über die positiven Initiativen der US-Streitkräfte zu informieren und somit politischen Gerüchten zuvorzukommen.

Einige Wochen später fand dann das erste deutsch-amerikanische Pressetreffen in Gießen statt. Trotz geringer Teilnahme, so das Urteil des Pressestabes, war die dreistündige Diskussion eine gute Möglichkeit, solche US-Initiativen zu erläutern, die regelmäßig in der deutschen Öffentlichkeit untergehen.

Den Kontakt, den die amerikanischen Pressebüros zu den Journalisten vor Ort herstellten, machen sich auch deutsche Politiker gern zu Nutzen, so z. B. der ehemalige Ministerpräsident von Rheinland-Pfalz, Bernhard Vogel.

Shackleton und sein Stellvertreter Lehninger trafen sich am 27. April 1988 mit Herrn Wolfgang, dem Protokollchef des Landes Rheinland-Pfalz, zum Mittagessen. Das Treffen zwischen dem Corpskommandeur und dem rheinland-pfälzischen Ministerpräsidenten B. Vogel war vorzubereiten. Neben einem Besuch einer Einrichtung der Gonsenheimer US-Brigade, lag Ministerpräsident Vogel noch ein weiterer Punkt besonders am Herzen: Das Ereignis sollte von der amerikanischen wie deutschen Presse begleitet werden.

1988 sahen die amerikanischen Streitkräfte die gute Zusammenarbeit zwischen ihnen und dem Land Rheinland-Pfalz in Gefahr. Sie informierten den SPD-Oberbürgermeister von Mainz, Hermann-Hartmut Weyel, über ihr Anliegen. Ausgelöst hatte diese Krise der Trierer Journalist und Friedensforscher Wolfgang Bartels. In einem Zeitungsartikel hatte er behauptet, daß der US-General Dacey in der Sitzung eines Unterausschusses des amerikanischen Repräsentantenhauses bezeugt habe, daß in Deutschland eine deutsch-amerikanische Kommission existiere, die die Bauvorhaben der US-Streitkräfte solange geheim hält, bis sie ausschreibungsreif sind.

Dieses Vorgehen soll, nach Meinung von Wolfgang Bartels, die Möglichkeit bieten, den Widerstand gegen Bauprojekte aus Kommunen und Friedensbewegung kleinzuhalten und die Bauvorhaben zu beschleunigen.

Wolfgang Bartels bekam auf Grund seiner Veröffentlichung mehrfach Post von Dr. Cochrane, dem US-Verbindungsoffizier für Rheinland-Pfalz und Saarland aus Kaiserslautern. Cochrane, der heute das Verbindungsbüro zur baden-württembergischen Landesregierung in Stuttgart leitet, schickte ihm Lexikonauszüge, um zu beweisen, daß »Turnkey-Operations« nichts mit Verschlußoperationen zu tun haben, sondern die schlüsselfertige Realisierung von Bauprojekten meinen. Auf Rückfragen des Trierer Journalisten zum Hauptthema des Hearings, der deutsch-amerikanischen Kommission zur geheimen Vorbereitung der Bauprojekte, wollte sich der USFLO jedoch nie einlassen.

Die amerikanische Seite empfand die Veröffentlichung als grobe Beleidigung der US-Streitkräfte. Besonders störend und enttäuschend wertete Robert G. Shackleton jedoch die Tatsache, daß Wolfgang Bartels von keiner offiziellen deutschen Stelle aufgefordert wurde, sich zu rechtfertigen. Ganz im Gegenteil. Viele Politiker übernahmen seine Aussagen.

Am 8. Juni 1989 mußte sich das V. Corps ein weiteres Mal mit Wolfgang Bartels beschäftigen. Ein Hilferuf an alle Kommandobehörden der US-Streitkräfte in der Bundesrepublik kam vom VII. Corps: »Wolfgang Bartels, freier Journalist, selbsternannter Militärexperte und Friedensforscher, hat in der Vergangenheit kritische Artikel über die US-Streitkräfte und ihre Aktivitäten geschrieben. Im Mittelpunkt seiner Kritik steht gegenwärtig der AH-64-Angriffshubschrauber APACHE und die damit zusammenhängende Diskussion um die Stationierungsstandorte. Da Sie die diesbezügliche Regionalpresse auswerten, wären wir Ihnen dankbar, wenn Sie uns Artikel von und über W. Bartels schicken könnten. Wolfgang Bartels wird nämlich Ende Juni/Juli eine APACHE-Einheit des VII. Corps besuchen! Artikel per Fax bitte an Mr. Schatz.«

Die Übersetzungsstelle der Streitkräfte hatte einiges zu tun. Z. B. wurde ein Artikel der *Allgemeinen Zeitung* Mainz vom 24. Mai 1989 über ein Treffen der Bürgerinitiative Lerchenfeld übersetzt und dem VII. Corps in Amtshilfe zugefaxt. Auf dieser Versammlung informierte Bartels die Bürger/innen aus Unterlagen des amerikanischen Repräsentantenhauses über Pläne der US-Streitkräfte zum Bunkerbau im Oberolmer Wald von Mainz.

Hätte sich das VII. Corps direkt an Larry E. Rosenberg, Presseoffizier der Mainzer Militärgemeinde gewandt, hätte es eine exaktere Auskunft erhalten als die Klassifikation bei Robert Shackleton »Member of the Green Party«. Denn Larry Rosenberg, der seinen publizistischen Gegner besser kennt als das US-Verbindungsbüro, kommentiert die Aktivitäten des Trierer Journalisten häufig mit »bloody communist«. Dies stimmige Feindbild verdankt der im Umgang mit Bartels selbst stets dialogbereite Smartie unter den US-Presseoffizieren der Tatsache, daß er von Bartels' Funktion im DKP-Landesvorstand von Rheinland-Pfalz wußte.

In der Sendereihe REPORT Baden-Baden wurde am 1. August 1989 die Reportage von Heide Schumacher »Wie souverän ist die Bundesrepublik« ausgestrahlt. Themen waren u. a. die Hubschrauberstationierung in Erlensee, Umweltverschmutzung durch die amerikanischen Streitkräfte und umweltzerstörende Panzerübungen in Lampertheim. Zudem wurde, so die amerikanische Beurteilung, in hohem Maße suggeriert, daß sich die amerikanischen Streitkräfte nicht an deutsche Gesetze halten.

Die Bewertung der Reportage aus der Redaktion des friedensbewegten Franz Alt fiel negativ aus, »very negative« sogar, wie Robert S. Garnett, der sich gerade mit einer Doktorarbeit zur bayerischen Geschichte akademisch qualifiziert hatte, urteilt. Obwohl, so die Amerikaner, sich die Interviewpartner

E. Hubrich vom Finanzministerium und Dr. Schäfgen vom Verteidigungsministerium sehr moderat äußerten, der deutsche Rechtsprofessor Dietrich Schröder und jetzige Staatssekretär in Berlin, führte im Anschluß jedoch aus, daß die amerikanischen Streitkräfte »Besatzungsstreitkräfte« seien. Zudem sei in der Sendung suggeriert worden, der beste Weg für Bürger wie Politiker, sich unerwünschten Operationen der Amerikaner zu widersetzen, sei, das Verteidigungsministerium vor ein Gericht zu zitieren.

Am 12. Februar 1990 nahm sich der Hessische Rundfunk in der Reihe »Stadtgespräch« eines ökologisch-militärischen Problems an: Auf dem Übungsplatz Seulingswald wollten die US-Streitkräfte 100 000 Bäume roden, um ihre Übungsanlagen für neue Waffensysteme des Panzeraufklärungsregiments des V. Corps umzurüsten. Die Stimmung unter der Bevölkerung von Bad Hersfeld im Sendelokal bestimmte auch die Diskussion, in der als einziger Kontrahent von Bürgerinitiativen, rüstungsfeindlichen Bürgermeistern und Friedensforschern Wallmanns Krisenmanager Weimar Flagge zeigte, das Sternenbanner, wie ihm ein Diskussionsgegner bescheinigte. Den landesweiten Negativeffekt für die US-Streitkräfte versuchte am nächsten Tag die *Hersfelder Zeitung* auszugleichen, mit dem Artikel ihres Chefredakteurs Arnold zum Winkel »Einladung oder Vorladung?«: »Was beim Hessischen Rundfunk so gemütlich ›Stadtgespräch‹ genannt wird, war am letzten Donnerstag in Bad Hersfeld als Tribunal gedacht.

Moderator Uwe Günzler im hübschen Westchen als Lordorberichter, Sachverständige, drei Bürgermeister als Geschworene sowie eine Art ›Volksgerichtshof‹ warteten auf den Hauptangeklagten ... Ministerpräsident Wallmann. Doch der kam nicht, war einfach nicht erschienen. Auch Vertreter des Bonner Verteidigungs- und des für den Seulingswald zuständigen Finanzministeriums hatten der Einladung – oder besser ›Vorladung‹? – des allmächtigen Fernsehens einfach nicht Folge geleistet ... Lokalgrößen aus dem Mückenstürmer-Umfeld nutzten die Gelegenheit immerhin, um sich selbst ins rechte Scheinwerferlicht zu setzen ... Wallmanns Erklärung jedenfalls, daß die Bäume im US-Übungsgebiet Seulingswald stehen bleiben, blieb ebenfalls stehen. Und der verdienstvollen Bürgerinitiative »Rettet den Seulingswald« sei nochmals gesagt, daß sie ihr großes Ansehen aufs Spiel setzt, wenn sie sich auf eine parteipolitische Schiene begibt oder sich gar als Wahlkampfhilfe mißbrauchen läßt.«

Empörung löste der Artikel bei Wiesbadens Stadtoberhaupt Achim Exner aus. Als Teilnehmer der Fernsehdiskussion schrieb er einen Leserbrief, in dem er sich insbesondere dagegen verwahrte, die geladenen Sachverständigen und Bürgermeister mit dem Volksgerichtshof auf eine Stufe zu stellen.

Walter Nebgen, deutscher Abteilungsleiter für die Medienarbeit nach außen im Stab des V. Corps, las den Artikel der Hersfelder Zeitung mit Vergnügen. Eigentlich hätte er fürchten müssen, daß sich in Bad Hersfeld kein publizistischer Kampfgefährte der Army findet, vor allem, weil der unter informationshungrigen Journalisten als schweigender Hardliner Verschrieene selbst seine Teilnahme an der Fernsehdiskussion abgesagt hatte. Aber Nebgen hatte beim Poker um die öffentliche Meinung in der nordhessischen Kurstadt ein As im Ärmel, Arnold zum Winkel. Wenige Wochen vor der Sendung des Hessischen Rundfunks, als er bereits eine Einladung des Senders hatte, besuchte er die Redaktion der Lokalzeitung. Sein Bericht über diesen Besuch schätzt Winkel als den richtigen Advokaten für die Ausbaupläne der US-Streitkräfte ein: »Wenn wir den richtigen Einstieg finden, können wir die Bad Hersfelder Zeitung als ein Instrument nutzen, um die öffentliche Meinung zu beeinflussen und unsere Sicht der Dinge zu erzählen. Das ist der Eindruck, den wir bei einem Besuch des Chefredakteurs Herrn von Winkel und seiner Redaktion gewannen.«

Die Redaktion der *Hersfelder Zeitung* hatte sich auch schon einschlägig bewährt: Während über Häuserkampfübungen Rotenburger Grenadiere ganzseitig berichtet wurde und die deutsch-amerikanische Freundschaft mit einem Bildbericht zum Truthahnessen illustriert ist, wurde der Konflikt um die Rodung des Seulingswaldes zunächst totgeschwiegen und später in Randnotizen heruntergespielt.

Walter Nebgen ist Jahrgang 1930, besuchte eine nationalsozialistische Kaderschule Napola und war bei der U.S. Air Force in Wiesbaden im Bereich Luftraumkontrolle beschäftigt, was erklären mag, warum ihm der publizistische Kampf um die Air Base Erbenheim immer besonders am Herzen lag. Nachdem das Hauptquartier der US-Luftwaffe 1974 nach Ramstein umgezogen war, wechselte er zunächst als stellvertretender Pressesprecher des V. Corps ins Frankfurter IG-Farben-Haus. Daß er schnell zum Leiter der Abteilung im Majorsrang aufrücken konnte, verdankte er dem Blackout seines Vorgängers. Nachdem mehrere hohe amerikanische Offiziere Drohbriefe in bestem Amtsamerikanisch bekommen hatten, führten die Ermittlungen schließlich zur Schreibmaschine des eigenen Presseoffiziers und zu dessen Entlassung.

Auch der Seniorchef der amerikanischen Pressearbeit in der Bundesrepublik im Hauptquartier der US-Streitkräfte in Europa trat im Dezember 1989 überraschend ab. Hadubrand Lutz, Pressesprecher von USAREUR, hatte sich am ersten Weihnachtsfeiertag zu Hause in Oftersheim selbst mit einer Pistole getötet. Die Nachrufe der amerikanischen Kollegen auf den 42 Jahre in Armydiensten stehenden Ostpreußen hoben Lutz' Ansehen in der westdeutschen Presse und sein Vermögen, sich in die Journalisten hineinversetzen zu können, besonders hervor.

US-Pressechef Oberst Sam Floca beschrieb ihn anläßlich der Beisetzung als vornehmen Herrn, der sowohl seinem Land als auch den Vereinigten Staaten mit Entschiedenheit, Ehre und Professionalität gedient habe. Dieses vorsichtige Sowohl-als-auch ließ erste Zweifel an der hundertprozentigen Loyalität des unnahbaren Mitarbeiters durchschimmern, der seit dem Dienstantritt des agilen Sam Floca im Jahre 1988 in einer Motivationskrise steckte.

Die Sicherheitsexperten von USAREUR waren nämlich beunruhigt, weil es weder im dienstlichen noch im privaten Umfeld den geringsten Anhaltspunkt für ein Selbstmordmotiv gab. Sollte der stets verschlossene Pressechef doch mehr Herz und Informationen für kritische Journalisten gehabt haben, als seine gekonnt verschweigenden Pressemitteilungen vermuten ließen? Das uramerikanische Mißtrauen gegenüber den deutschen Kollegen in Pressestäben war auch dadurch genährt, daß seit 1989 zunehmend mehr vertrauliche Papiere indirekt den Weg aus Pressestäben höherer Kommandobehörden in kritische Medien gefunden hatten.

Selbst als US-Presseoffizier Jim Boyle im November 1989, Hadubrand Lutz war im Urlaub, auf Fangfragen der SPD-Bundestagsabgeordneten Heidemarie Wieczorek-Zeul zur Reaktion der US-Streitkräfte auf den vertagten Bundestagsbeschluß zur Hubschrauberstationierung in Erbenheim hereinfiel und der Abgeordneten zugeflogene Gerüchte mit seiner Aussage bestätigte, richtete sich die Suche der Amerikaner nach dem Loch im System auf deutsche Zivilbeschäftigte in Heidelberg und Frankfurt.

Mit Hadubrand Lutz, dem sechzigjährigen Walter Nebgen beim V. Corps und Hans-Werner Blache in Hanau, der 1988 in die Rente entlassen wurde, endet die Zeit der ersten Generation nachkriegszeitgedienter Presseoffiziere bei den US-Streitkräften. Nachwuchs an deutschen Pressesprechern ist in diesen schwierigen Zeiten für die US-Medienarbeit nur schwer zu bekommen.

Am 28. Oktober 1988 wurde nach 26jähriger Arbeit als Presseoffizier der US-Militärgemeinde Hanau Hans-Werner Blache in den Ruhestand versetzt. Ein Presseoffizier dieses Kalibers wird extrem schwer zu ersetzen sein, urteilte Robert G. Shackleton in seinem Bericht vom 2. November 1988. Deshalb war der Hanauer Stadtkommandant glücklich, einen mit dem »goldenen Handschlag« frühpensionierten Stabsoffizier der Bundesluftwaffe aus dem benachbarten Kilianstädten zu bekommen. Seine Freunde ist aber begrenzt. Der gute Kamerad hat zwar dasselbe Feindbild wie die Amerikaner, aber das schließt nun einmal kritische Journalisten in Hanau ein, die daher überhaupt keine Informationen als Beute zu ihren Redaktionen tragen können.

Was ihre eigene Öffentlichkeits- und Pressearbeit angeht, sind die US-Streitkräfte mit sich unzufrieden. Das USAREUR-

Programm für die Beziehungen zum Gastland vom Sommer 1989 fordert, die amerikanische PR in der Bundesrepublik deutlich zu verbessern, räumt aber ein: »Es gibt Grenzen für das, was wir tun können

- weil starke politische und gesellschaftliche Kräfte am Werk sind,
- weil institutionelle Hindernisse auf unserer Seite bestehen (häufiger Wechsel der Schlüsselfiguren; erheblich unterschiedliche Standpunkte unter den Befehlshabern; Mangel an Talent auf diesem Gebiet; das gegenwärtige System bietet wenig Anerkennung, um Anreize für gute Beziehungen zum Gastland zu schaffen; Wechsel der Politik in Washington).«

Was die PR-Planer von USAREUR neben besserem Manövermanagement und der besseren Abstimmung von Bauprojekten zur Auffrischung der angeschlagenen Beziehungen zu den Westdeutschen empfehlen, sind eine Ausweitung der Grenzfahrtprogramme des VII. Corps auf das V. Corps, Hilfe in der Landwirtschaft, Weihnachtsbesuche, Partnerschaftsprogramme mit deutschen Einheiten und Städten u. ä. Diese Palette erinnert ein wenig an die von der SED-Regierung in der alten DDR erprobten Verfahren zur gelenkten »Freundschaft« mit den Kadern der Bruderarmee aus der Sowjetunion.

Selbst der vormalige US-Botschafter Richard Burt hatte sich mit einer Initiative in Bonn um die Restaurierung der alten Verbundenheit zwischen GIs und Bundesbürgern verdient machen wollen. Ein besseres Informationsprogramm über die Rolle der US-Streitkräfte in der Bundesrepublik, deutsche Sprachkurse für US-Soldaten und ein erweitertes Kontaktprogramm sollten das politische Klima in Westdeutschland wieder für die amerikanischen Streitkräfte erwärmen. Finanziert werden sollte nach den Vorstellungen des US-Botschafters diese Kampagne allerdings von der Bundesrepublik. Und darauf drängte er vergebens.

An Personal für die Beziehungspflege in der Bundesrepublik stehen den US-Streitkräften bundesweit 63 Offiziere und Beamte in den USFLOs und übergeordneten Presse- und Kommandostäben zur Verfügung sowie etwa 265 weitere Mitarbeiter überwiegend in den Militärgemeinden vor Ort. 185 000 Dollar wollte USAREUR 1989 zudem investieren, um je drei voll- bzw. teilzeitbeschäftigte Wissenschaftler für die PR-Arbeit zu verpflichten.

Doch selbst so hochdotierte PR-Strategen wie Robert G. Shackleton richten durch die Art ihrer Informationspolitik häufig mehr Schaden als Nutzen an. Als der Bürgermeister von Staufenberg im August 1988 bei den US-Streitkräften anfragt, ob in dem Munitionsdepot der US-Streitkräfte in Alten-Buseck Atomwaffen gelagert seien, antwortet ihm Robert G. Shackleton, daß nach einer Vereinbarung zwischen der Bundesrepublik und den Vereinigten Staaten die US-Streitkräfte solche Informationen nur an das Bundesministerium der Verteidigung gibt. Er möge sich dahin wenden. Das Bundesministerium der Verteidigung wiederum erteilt eine Standartantwort: Nach einer Vereinbarung zwischen der Bundesrepublik und den Vereinigten Staaten werden Informationen über die Lagerung von Atomwaffen weder bestätigt noch dementiert.

Noch kontraproduktiver als die fehlende Offenheit der Pressebetreuer wirkt sich für die US-Streitkräfte das Verhalten der Truppe und insbesondere der Militärpolizei aus. 1988 wurde z. B. ein ZDF-Team von der US-Militärpolizei solange daran gehindert, auf einer öffentlichen Straße einen Bürgermeister vor dem Hintergrund eines amerikanischen Standortübungsplatzes zu interviewen, bis deutsche Polizei eintraf. Auch die rechtswidrige Wegnahme eines Fotoapparates bei einem Reporter im März 1986 in Gelnhausen, der eine vom Lastwagen gekippte Panzergranate fotografieren wollte, ist keine Ausnahme. Als im Herbst 1987 ein Filmteam von REPORT Baden-Baden in Wiesbaden in Begleitung des Starnberger Friedensforschers Erich Schmidt-Eenboom das Camp Pieri filmte, versuchte ein Wachmann aus der US-Kaserne, Kamera und Kassetten zu beschlagnahmen. Als er auf die Rechtswidrigkeit seines Verlangens aufmerksam gemacht wurde und jede Herausgabe des Filmmaterials verweigert wurde, trollte sich der Kasernenwächter, um die Polizei einzuschalten. Das REPORT-Team nutzte die Zeit, um der Kaserne den Rücken zu kehren.

Am nächsten Tag jedoch bekam Schmidt-Eenboom Besuch von der oberbayerischen Polizei, die zu Protokoll nahm, was ihn veranlaßt habe, die Idylle von Rotwild vor Atomraketen zu filmen.

»Wir reagieren meistens nur und sind selten potentiellen Problemen voraus«, lautet eine zutreffende Selbstkritik im USAREUR-Programm für die Beziehungen zum Gastland. Daher sind die Presseoffiziere stets dankbar, wenn ein deutscher Freund hilft, die Werbetrommel zu rühren. In die Feiern zum vierzigsten Jahrestag der Luftbrücke nach Berlin im Juni 1989, regte die Wiesbadener CDU-Bundestagsabgeordnete Hannelore Rönsch bereits im März 1988 an, sollte doch die Air Base Wiesbaden-Erbenheim einbezogen werden. Das schlechte Image des umstrittenen Stationierungsorts für neue US-Kampfhubschrauber könnte so etwas aufpoliert werden.

Doch selbst, wo der Heidelberger Pressestab Probleme antizipiert, reagiert die Militärbürokratie mit starren Vorgaben für die untergeordneten Pressebüros. Für erwartete Anfragen werden »Q & A«, Questions and Answers, entworfen, die dem regionalen Pressebüro vorschreiben, was bei Anfragen von Journalisten zu antworten sei. Stellt der Medienvertreter eine in den »Q & A« nicht vorgesehene Frage, erhält er keine Antwort.

Mitglieder der Wiesbadener Friedensbewegung besuchen regelmäßig die oberen Etagen der Klinik neben dem amerikanischen Camp Pieri, weil man von dort die Atomraketenwerfer in der US-Kaserne zählen kann. Was passiert, wenn sie dort mehr als sechs LANCE zählen, sagt ihnen ein »Q & A« aus Heidelberg vom Juli 1989. Ein weiteres Raketenartilleriebataillon des V. Corps mit 20 Radfahrzeugen, 11 Kettenfahrzeugen und 75 Soldaten aus der Gießener River-Kaserne werde am 21. Juni 1989 nach Wiesbaden verlegt, weil es dort schon eine Infrastruktur für die Nuklearwaffe gibt. Im September 1990 war der Verband in Wiesbaden noch nicht eingetroffen. Zum Zeitpunkt der Verlegungsplanung und der Formulierung der Presseverlautbarungen war das bundesdeutsche Verteidigungsministerium nicht wie vorgeschrieben über die Umstationierung unterrichtet worden, was den verantwortlichen Presseoffizieren mehr Sorge machte als der voraussehbare Widerstand der Wiesbadener Bevölkerung. Für die hatte man auf die mögliche Frage nach erhöhter Lärmbelästigung die Antwort schon bereit: »Die US-Streitkräfte sind immer ein guter Nachbar gewesen und wollen es bleiben. Die Kommandeure sind in Lärmfragen besonders sensibel. Alle Anstrengungen werden unternommen, um sicherzustellen, daß die guten Beziehungen, die die Army mit den Bürgern Wiesbadens genießt, anhalten.« Weil die Umstationierung von Atomwaffenträgern in der politischen Auseinandersetzung um ihre Modernisierung viel zu heikel ist, müssen die Wiesbadener im Stadtteil Freudenberg vorläufig mit 75 guten Nachbarn und sechs Atomraketenwerfern weniger auskommen.

»Vorgeschobene Beobachter«

US-Nachrichtendienste in der Bundesrepublik

Weltweit 1,25 Millionen Menschen mit einem Jahresetat von mehr als 50 Milliarden DM üben einen Beruf aus, den der britische Fachjournalist Phillip Knightley als das zweitälteste Gewerbe der Welt bezeichnet: die Spionage. »America first« gilt auch auf diesem Gebiet der Weltpolitik – traditionell verknüpft mit der Central Intelligence Agency, der CIA. Die jedoch spielt seit den sechziger Jahren nurmehr die zweite Geige im Konzert amerikanischer Geheimdienste.

Mit seiner Unterschrift unter eine bis heute geheime Gründungsakte schuf US-Präsident Harry Truman im Oktober 1952 die Waffengattung des Kalten Krieges: die NSA, die National Security Agency. Aus ihrem Hauptquartier im Fort Meade in Maryland führt sie seither ihren Eroberungskrieg um Daten und Fakten. Die Internationale der High-Tech-Spione hört die Signale der Völker: Antennen rund um den Erdball von Edzell in Schottland bis zum australischen Pine Gap ernten alle Frequenzbereiche ab. Die »Black City« in Maryland holt via Satellit heim ins Reich der Allwissenden, was sich Politiker, Militärs und Industrielle weltweit mitzuteilen haben. Jahresausbeute: 24 000 Tonnen geheimes Archivmaterial.

Als der US-Autor James Bamford 1985 in den USA das »Tadsch Mahal des Abhörens« erleuchtete, erfuhren selbst amerikanische Abgeordnete erstmals, was das 100 000-Mann-Heer der NSA mit dem 15-Milliarden-Dollar-Jahresetat macht: Informationen und Daten, die der westlichen Hegemonialmacht einen möglichst vollständigen Überblick über politische Absichten, industrielle Entwicklungen und militärische Potentiale bei Feind, Freund und Neutralen gibt, werden gehortet und analysiert; Friedensgruppen und Vietnamveteranen im eigenen Land elektronisch observiert. Der Big Brother der CIA liefert der US-Regierung heute 95 Prozent aller nachrichtendienstlichen Erkenntnisse.

Amerikas Auslandsnachrichtendienst CIA, die Central Intelligence Agency, residiert in Botschaften und Konsulaten, ist aber auch bei hohen Kommandobehörden der Streitkräfte zu Hause. Das spart die eigene Adresse, die Sorge um die Bewachung und eigene Fernmeldeanlagen. 16 000 CIA-Agenten zählen Insider allein in der Bundesrepublik. Doch nicht nur dieser klassische Nachrichtendienst hat Europa im Visier, sondern zudem eine kaum überschaubare Zahl militärischer und paramilitärischer Dienststellen. Und der ehemalige NATO-Frontstaat Bundesrepublik ist von der US-Lauschstation in Schleswig bis zur Abhörzentrale der Air Force auf dem bayerischen Schneeberg dicht mit US-Spionageeinrichtungen gespickt.

Die NSA allein mit ihren über 100 000 Mitarbeitern in aller Welt druckt täglich alle Erkenntnisse, die der Zentrale über Satellitenkommunikation zugehen, aus: Papiergewicht 60 Tonnen. Das europäische Hauptquartier der NSA residiert in Stuttgart-Vaihingen beim European Command, das eine eigene Unterstützungsabteilung für die NSA hat. Zweifler erreichen das Office of the Chief NSA im US-Telefonnetz in Vaihingen unter der Apparatenummer 8300, after Duty 6175. Im Frankfurter IG-Farben-Haus sitzt die NSA-Zentrale für Deutschland – ohne West-Berlin, das ein eigenes NSA-Kommando hat.

Der größte COMINT-(Communication Intelligence-)Komplex der US-Streitkräfte in Europa mit 130,3 Hektar Grundfläche befindet sich in Gablingen bei Augsburg, die Führungsdienststellen in der benachbarten Fuggerstadt. Kernstück des modernen Stonehedge mit 2500 Meßdienern ist eine AN/FLR-9-CDA-Aufklärungsanlage. In Bad Aibling befindet sich die Stellung WILDBORE der NSA. Ein weiterer Ableger von SOUTHGATE in Gablingen ist auf dem Hohen Bogen.

In den Abhörzentralen in Gablingen, in der WILDBORE-Stellung Bad Aibling und in der Münchener McGraw-Kaserne sind die Elektronikspezialisten und Analytiker ebenso präsent wie auf dem Hohen Bogen oder früher in Pirmasens. Hausherr der Antennenanlagen sind sie nicht. Die gehören dem Intelligence and Security Command (INSCOM). Das INSCOM verfügt allein in der Bundesrepublik 1990 über 4478 Agenten in Uniform und 239 Zivilangestellte, wie der amerikanische Rechnungshof in einer Studie zum Wehretat der USA feststellte.

Technisches Hilfswerk der NSA ist die U.S. Army Field Agency (USAFA), die nicht nur die unübersehbaren Ringanlagen in Gablingen und Bad Aibling betreibt, sondern auch das Netzwerk Dutzender von Aufklärungstürmen managt. Die USAFA gehört wiederum zum INSCOM, ebenso wie die Naval Security Group in der Augsburger Flak-Kaserne.

Am Ende des Kalten Krieges reduzieren die Vereinigten Staaten neben ihren Truppen auch die Nachrichtendienste. Die Ringanlage in Gablingen bei Augsburg wird schon in naher Zukunft geschlossen, weil ähnliche Stationen von Schottland über Sizilien bis zur Türkei den Datenbedarf decken können; ohnehin steigt die anfallende Datenmenge schon aus der wachsenden Satellitenaufklärung ins Unermeßliche.

Daß die Fuggerstadt dann vor dem Problem steht, wie unterirdische Kommandobunker und Antennenwälder zivil umgenutzt werden können, will ihr der Bundesnachrichtendienst ersparen. Der nämlich versucht, die für den technischen Betrieb der Anlage notwendigen 2000 Techniker von der Bundeswehr zu bekommen, die Personal ohne sinnvolle Verwendung aus den Abhörtürmen an der vormalig innerdeutschen Grenze dafür einsetzen soll. Präsent sind BND und die Fernmeldestelle Süd der Bundeswehr in dem größten Horchposten in Westdeutschland schon lange, nun drängen sie darauf, dort Hausherr zu werden. Denn bisher lassen die Amerikaner ihre westdeutschen Kollegen nicht tiefer als bis zum dritten von zwölf unterirdischen Stockwerken. Im Zeichen neuen Nationalstolzes will der Auslandsnachrichtendienst für das zukünftig geeinte Deutschland jedoch eine eigene Großanlage, die den Äther bis nach Afghanistan durchmißt.

Wer das Kernstück der Nachrichtendienste der U.S. Army sucht, muß in München – unweit der BND-Residenz in Pullach – landen. Dort findet er auf dem Flughafen Riehm einen Hinweis auf die 66. Military Intelligence Group mit ihrem Hauptquartier in der antennenbespickten Münchener McGraw-Kaserne.

1987 wurden Münchener Journalisten auf die dem INSCOM unterstellte Behörde aufmerksam, als sie zusammen mit dem 527. und dem 720. Nachrichtenbattalion zu einer Pressekonferenz mit anschließendem Empfang geladen waren, auf dem sich auch die Spitzen von BND, Landesamt für Verfassungsschutz, Grenzpolizei und politischer Kripo einfanden. Das Puzzle zeigt inzwischen folgendes Bild: Der 66. Military Intelligence Group unterstehen das 430. MI Battalion und zwei Kompanien für den Betrieb in München, das 720. Military Intelligence Battalion in Kaiserslautern sowie, ebenfalls dort, das 527. Military Intelligence Battalion mit Dienststellen in München, Bad Aibling, Hahn, Grafenwöhr, Nürnberg, Stuttgart und Worms.

Den Zivilbeschäften der U.S. Army sind diese Einheiten als ständige Mahner in Sicherheitsfragen bekannt: »Sollten Sie persönliche Probleme haben, z. B. Verschuldung, Unzufriedenheit am Arbeitsplatz, sexuelle Probleme usw., bietet man Ihnen vielleicht Geld, eine Nebenbeschäftigung oder ein intimes Verhältnis an – all dies könnte dazu führen, daß Sie sich in die Hände einer terroristischen Vereinigung oder eines feindlichen Nachrichtendienstes begeben«, warnt ein vierseitiges Informationsblatt.

Die 66. MI ist europaweit für Spionageabwehr zuständig und observiert daher alle, die für die US-Streitkräfte unter Terrorismusverdacht stehen: Friedensgruppen ebenso wie unzuverlässige Kandidaten bei den Zivilbeschäftigten. Der Lauschangriff auf das Telefon eines deutschen Mitarbeiters in einer Bad Kreuznacher Kaserne im Mai 1989 geht vermutlich auch auf das Konto der INSCOM-Leute. Noch prüft der Justizminister von Rheinland-Pfalz, ob die Amerikaner in den ihnen überlassenen Liegenschaften mithören durften, obwohl die zuständige deutsche Staatsanwaltschaft ihre Zustimmung verweigert hatte.

Gerade bei der Sicherheitsüberprüfung ihrer Zivilbeschäftigten, deren Loyalität zum US-Arbeitgeber unter dem Eindruck des Personalabbaus ins Wanken gerät, bewegen sich die amerikanischen Militärs auf sehr schwankendem Rechtsboden. Polizeiliche Führungszeugnisse für Zivilbeschäftigte der US-Streitkräfte in sicherheitsempfindlichen Positionen, z. B. im Wachdienst, direkt vom Bundeszentralregister zu bekommen, schien ihnen selbst problematisch. Doch Dr. Uhlig, der Leiter der in West-Berlin ansässigen Behörde, beruhigte den von den US-Streitkräften eingeschalteten Ministerialrat im rheinland-pfälzischen Innenministerium Ganz: Der Paragraph 57 des Bundeszentralregistergesetzes, angewandt auf den Artikel 3 (2) des Zusatzabkommens zum NATO-Truppenstatut, gewähre den US-Streitkräften unbegrenzten Zugang zu Informationen im Bundeszentralregister über ihre Zivilbeschäftigten in sensitiven Bereichen. So konnte Robert Shackleton im März 1987 das V. US-Corps, das 21. US-Versorgungskommando und die 17. Air Force als zentrale Kontaktstellen für die dienstliche Anforderung polizeilicher Führungszeugnisse vorschlagen.

Wer die Dienststellen der Münchener Gruppe unterstützt, meldete die *Wormser Zeitung* am 16. Dezember 1985 anläßlich eines Empfanges des Büros der 527. Military Intelligence Group. Der Kommandeur der Dienststelle bedankte sich für die gute Zusammenarbeit bei der »Bewältigung gemeinsamer Aufgaben, wie sie die Sicherheit beider Länder erfordert«, bei den anwesenden Vertretern kommunaler und Landesbehörden sowie der Polizeidienststellen.

Der Spionage- und Spionageabwehrverband wird mit der Schließung der US-Garnison München in den frühen neunziger Jahren aus der McGraw-Kaserne verlegt. Ob er nach Kaiserslautern kommt oder auf die U.S. Air Base im rheinland-pfälzischen Hahn ist noch top secret.

Münchens Oberbürgermeister Georg Kronawitter freut sich, wenn ihm die US-Streitkräfte 1990 offiziell eröffnen, daß sie ihre Garnison in der bayerischen Landeshauptstadt ganz aufgeben werden. 3600 Wohnungen, Sportflächen und ein großes Kasernenareal am Mittleren Ring fallen an Münchens Stadtplaner. Mit den Spionen verschwanden auch 23 nie identifizierte Flugzeuge der Nachrichtendienste aus München.

Teils waren sie in ziviler Tarnung auf dem Flughafen München-Riehm stationiert, teils auf dem Werksflughafen des Rüstungsproduzenten Dornier in Oberpfaffenhofen.

Grenzüberwachungsstationen, wie die Border Observation Points des V. Corps in Hessen oder das Border Operation Center im bayerischen Hof ergänzen die westlicheren elektronischen Horchposten ebenso wie das Netzwerk in der Regel unbemannter Stationen, sogenannter La-Faire-Vite-Sites (LFV), in der Bundesrepublik: Landshut, Wurmberg, Braunlage, Wobeck und Heidenheim sind die bekannten LFV-Stationen, weitere befinden sich in Brandhof, Schwamberg und Knielingen.

Während sich am 9. November 1989 überall entlang der Grenze Ost- und Westdeutsche im Vereinigungstaumel befanden, hielten die US-Streitkräfte zunächst an ihren Grenzwerten fest. In seinem Befehl vom 9. November 22.30 Uhr fordert der Kommandeur des 11. US-Panzeraufklärungsbataillons aus Fulda seine Einheiten auf, die elektronische Spionage unvermindert aus den Türmen, vom Hohen Meißner aus und mit Hubschraubern fortzusetzen. Nur die Panzer sollten in der Garage bleiben und an den legalen Grenzübergangsstellen mögen die GIs sich nicht sehen lassen. Seine Lagebeurteilung und gibt auch Klarheit darüber, wie der Schießbefehl West aussieht:

»A. Selbstverteidigung: Keine Änderungen, d.h. Soldaten des 11. US-Panzeraufklärungsregiment nutzen ihre Feuerkraft zur Selbstverteidigung bei Bedrohung ihres Lebens oder ihrer körperlichen Unversehrtheit.

B. Feindliche Akte: Es gibt eine größere Wahrscheinlichkeit, daß ostdeutsche Soldaten oder Grenztruppen abgesessen, auf ihren Fahrzeugen oder mit dem Hubschrauber ohne feindliche Absicht Zuflucht suchen. Deshalb muß größere Sorgfalt bei der Prüfung einer feindlichen Absicht angelegt werden.

C. Befehlgewalt: Der Kommandeur des 11. US-Aufklärungsbataillons hat weiterhin die Befehlsgewalt über den Schußwaffengebrauch gegen Bodentruppen...

D. Verhütung illegaler Gefangennahme: Keine Änderung.

Zusatz: Wenn ostdeutsche Beamte die Grenze bei dem Versuch überqueren, einen Grenzgänger zurückzuholen, ergreifen Sie Maßnahmen kurz unterhalb des Gebrauchs tödlicher Gewalt, um die Gefangennahme zu verhindern. Das berührt Ihr Recht auf Selbstverteidigung nicht.«

Im März 1990 gaben die US-Streitkräfte bekannt, daß sie die Grenzüberwachung über Patrouillen und ihre Überwachungstürme eingestellt haben. Nur noch zur Ausbildung der Elektronikspione würden die Beobachtungsposten genutzt. Im hessischen Lüderbach und in Grüsselbach werden diese Einrichtungen des V. US-Corps zuerst geschlossen.

Bleiben werden gerade im geeinten Deutschland wichtige nachrichtendienstliche Kommandobehörden wie der Armeeaufklärungsdienst Defense Investigative Service (DIS) oder das Büro für Industrial Security Intelligence (Hauptsitz in Brüssel), die beide in Mannheim residieren.

Nachdem die Marinenachrichtendienste der USA in den siebziger Jahren eigene Stellungen in Schleswig-Holstein räumten, sitzen die See-Spione heute nur noch als Gasthörer in Berlin, München und Augsburg-Gablingen. Der amerikanische Rechnungshof rechnete 1990 vor, daß das Naval Intelligence Command, das außer in der Bundesrepublik noch in London und Neapel residiert, vor zehn Jahren 40 Mitarbeiter hatte. Deren Zahl wuchs inzwischen um 192 Prozent.

Die Air Force verfügt außer über taktische Luftaufklärungsstaffeln und Auswerter mit dem Office of Special Investigation (OSI) über einen Nachrichtendienst, der in jeder US-Luftwaffenbasis in Europa einen »District« unterhält. 397 US-Soldaten und 65 Zivilbedienstete sind in diesen Büros für Sonderermittlungen bei Spionage und Sabotage auch mit dem Personenschutz und der Verbrechensbekämpfung beschäftigt. Die Intelligence Agency der US-Luftwaffe beschäftigt in Westeuropa 72 Soldaten und 23 Zivilisten, um menschliche Quellen auszuschöpfen, die über wichtige Informationen zur Luft- und Raumfahrt verfügen.

Kryptologen, d. h. Ver- und Entschlüsselungsfachleute, sind als Hilfstruppen der Geheimnisjäger und -sammler in allen wichtigen Dienststellen, ebenso wie die Übertragungsspezialisten des Electronic Security Command (ESC).

In den achtziger Jahren wurden im Wettlauf zwischen der Verbesserung der Abhörsicherheit bei östlichen Militärbehörden und westlichen Banken die computergestützten Empfangs- und Auswerteanlagen mit Milliardensummen modernisiert. Satellitenterminals, intelligente Suchsysteme für Richtfunkstrecken, Codierrechner und Analysecomputer steigern den Ertrag der Spione. Der Ausbau sollte weitergehen: Im niedersächsischen Wobeck wollte die Army 1992 allein 1,5 Millionen Dollar für den Rohbau eines neuen Operationsgebäudes ausgeben. Die Kosten für die elektronische Möblierung dürften ein Vielfaches betragen. Nun wird der Horchposten dort absehbar geräumt.

Für die Hauptstadt des geeinten Deutschland, für Berlin, fassen alle drei dort regierenden westlichen Siegermächte zwar den Abbau ihrer Truppen ins Auge, als Spionagezentrum wird die Metropole an der Spree jedoch wichtiger denn je. Die US-Nachrichtendienste planen deshalb, ihre größte elektronische Aufklärungsanlage in Marienfelde 1991 für 1,621 Millionen US-Dollar auszubauen. Begründung: Die sensitive Spionageelektronik braucht eine eigene Stromversorgung. Am öffentlichen Stromnetz hängen zu viele industrielle Nutzer, die für Spannungsschwankungen sorgen, so daß empfindlichste Computersysteme zeitweilig ausfallen.

Schwerpunkt all der Dienste ist die COMINT (Communication Intelligence). Wo immer Freund oder Feind irgendwelche Mittel moderner Telekommunikation nutzen, sind diese Dienste auf Draht. Ob die »befreundeten Nachrichtendienste« ausschließlich für nationale hoheitliche Zwecke ihrer Regierung tätig sind oder auch für supranationale Einrichtungen ist dem Bundesinnenminister nicht bekannt. Eine kleine Nachfrage beim Kollegen auf der Hardthöhe hätte ihm gesagt, daß die Kollegen der US-Lauscher vom BND und der Bundeswehr vom Informationsfluß in den US-Diensten fast völlig abgekoppelt sind. Einzige Abhilfe: selbst lauschen, was der große Bruder funkt.

Welche zentrale Rolle die Verfügungsgewalt über die nachrichtendienstlich gewonnenen Informationen spielt, macht allein die Tatsache deutlich, daß innerhalb der NATO die Informationsgewinnung konkurrierend zueinander betrieben wird. Die USA als Besitzer des größten Apparats monopolisieren ihre Aufklärungsergebnisse. Der amerikanische NATO-Oberbefehlshaber Rogers beklagte 1985 in einem Hearing in einem Unterausschuß des amerikanischen Repräsentantenhauses, daß trotz seines Drängens die von Jahr zu Jahr wachsende Bedrohung und der offensive Charakter der Sowjetunion der westeuropäischen Öffentlichkeit von der intelligence community der USA vorenthalten werde. Der für die Nachrichtendienste zuständige Senator Goldwater stimmte ihm darin zu: »You know we have some hard-nosed people in intelligence. We also have a pretty hard-nosed President.« Diesen habgierigen Dickschädeln der US-Dienste bringt die Bundesregierung besonderes Vertrauen entgegen, wo es um Informationen aus Kontrollmaßnahmen einer zuständigen deutschen Behörde nach dem G 10-Gesetz, d.h. Telefonüberwachung von Bundesbürgern, und die Auslieferung der Ergebnisse an US-Dienste geht: Es »sind strenge Regelungen getroffen, die inhaltlich den Vorschriften des G 10 (insbesondere in bezug auf die Verwertungssperren des Paragraphen 7 Absatz 3 G 10) entsprechen«. Eine Kontrolle des Endverbleibs findet nicht statt.

Als der SPD-Landtagsabgeordnete im Bayerischen Landtag, Toni Schimpl, im März 1990 den Verdacht äußerte, die US-Streitkräfte hätten das Telefon eines Journalisten und seines vermeintlichen Informanten, dessen Indiskretion die Affäre in Ansbach um die Wahlkampfhilfe des US-Generals Griffith für die CSU bei der Kommunalwahl in Gang gesetzt hatte (siehe auch S. 30f.), abgehört, wies der Staatssekretär Wilhelm Vorndran diesen Verdacht zurück. Erstens, meinte der Leiter der Bayerischen Staatskanzlei, könne er sich das nicht vorstellen, und zweitens sei der Vorgang dazu gar nicht wichtig genug. Gelauscht wird nur in wichtigen Fällen.

Eine Erfassung »wehrfeindlicher« Bundesbürger durch die US-Streitkräfte konnte auch die Bundesregierung 1989 nicht bestätigen. Der Bericht der baden-württembergischen Datenschutzbeauftragten Ruth Leuze rügte aber bereits 1987, daß in

Heilbronn Anhaltemeldungen der Polizei routinemäßig an die Army gingen. Wer sich als Spaziergänger der Pershing-II-Stellung zu sehr näherte, wurde den Amerikanern von der deutschen Polizei namhaft gemacht. Blockierer der Cruise-Missile-Stellung in Hasselbach berichteten von Filmteams der US-Militärpolizei, die Demonstranten auf Zelluloid bannten. Beim Stab der 7. Armee in Heidelberg laufen alle Informationen über Bundesbürger, die sich in Wort oder Tat gegen die amerikanischen Truppen »vergangen« haben, zusammen. Der Zentralcomputer CIR verwaltet diese elektronischen Dossiers.

Jedoch schon die amerikanische Militärkripo CID (Criminal Investigation Command) und die US-Militärpolizei in jeder US-Garnison der Bundesrepublik sammeln Daten und Informationen über Bürger in Westdeutschland, die US-Streitkräften und ihren Aktivitäten kritisch gegenüberstehen.

»Die Nachrichtendienste des Bundes und der Länder pflegen ... die Zusammenarbeit mit den Nachrichtendiensten der USA, Großbritanniens und Frankreichs. Von der Zusammenarbeit haben beide Seiten gleichermaßen Nutzen. Schwerpunkte der Zusammenarbeit sind der Schutz der hier stationierten Streitkräfte, die Spionagebekämpfung einschließlich des personellen Geheimschutzes, die Terrorismusbekämpfung. Soweit Nachrichtendienste der genannten Staaten auf dem Gebiet der Bundesrepublik Deutschland tätig sind, beachten sie nach Kenntnis der Bundesregierung die deutsche Souveränität und das innerstaatliche Recht. Dies gilt auch für die Beachtung des in Artikel 10 GG verankerten Brief-, Post- und Fernmeldegeheimnisses. Mit Ausnahme von Berlin haben die drei Schutzmächte ihre aus der Besatzungszeit stammenden Rechte, in der Bundesrepublik Deutschland in das Grundrecht nach Artikel 10 GG einzugreifen, mit Inkrafttreten des Gesetzes zur Beschränkung des Brief-, Post- und Fernmeldegeheimnisses vom 13. August 1968 aufgegeben«, beruhigte die Bundesregierung 1989 aufkommende Zweifel an der informationellen Selbstbestimmung von Bürgern und Bankern.

In der ersten Lebenshälfte der Bundesrepublik bis zum Inkrafttreten des Notstandsgesetzes über die Beschränkung des Post- und Fernmeldegeheimnisses im Oktober 1968 observierten und belauschten die Dienste der Siegermächte die Bundesbürger nach Belieben. Aufgeben wollten sie die Vorteile dieses rechtsfreien Raumes jedoch nur formal: Auf Ersuchen der USA erklärte das Auswärtige Amt am 27. Mai 1968 in einer Verbalnote an die US-Botschaft, die Bundesregierung verpflichte sich zu wirksamen gesetzlichen Maßnahmen zum Schutz der Stationierungskräfte einschließlich der Spionage- und Terrorismusbekämpfung auf dem Gebiet der Post- und Fernmeldeüberwachung.

Ein »Geheim« eingestuftes Verwaltungsabkommen mit den USA und Großbritannien vom Oktober, mit Frankreich vom August 1969 regelt die Details der bundesdeutschen Beihilfe bei den Lauschangriffen. Seither wenden sich alle Entsendestaaten mit Truppen in der Bundesrepublik Deutschland an das Bundesamt für Verfassungsschutz (BfV) oder den BND, wenn das Grundrecht eines Westdeutschen auf Vertraulichkeit des gesprochenen Worts gebrochen werden soll. Lauschen die Behörden des Bundesinnenministers, erhält ein Beauftragter des ersuchenden Dienstes vom BfV die G 10-Erkenntnisse, läßt das Verteidigungsministerium abhören, erhält er die durch Auswertung der G 10-Erkenntnisse gewonnenen Informationen.

Seither steht den US-Streitkräften, wie auch den übrigen nichtdeutschen Vertragsstaaten, die Truppen in der Bundesrepublik Deutschland stationiert haben, das Recht zu, mit einem entsprechenden Ersuchen an das Bundesamt für Verfassungsschutz in Köln bzw. den BND heranzutreten. Aufgrund dieses Ersuchens wird geprüft, ob die Voraussetzungen des G 10 zur Stellung eines Antrags gegeben sind.

Wenn der Dienstweg den Diensten zu lang ist, räumt die Bundesregierung ein, können sie sich auch ganz spontan gegenseitig unter die Arme greifen: »Selbstverständlich findet auch außerhalb des Bereichs des Informationsverkehrs nach dem Gesetz zu Artikel 10 Grundgesetz ein Informationsaustausch aufgrund von entsprechenden Amtshilfeersuchen und auch in

Form der sog. Spontanübermittlung unter Beachtung und in den Grenzen des geltenden innerstaatlichen Rechts statt.«

Das Bundeskriminalamt übermittelt seine aktuelle Lageberichte an militärische Dienststellen der NATO-Truppen mit »Sicherheitsaufgaben«. In die zusammenfassenden Berichte des Bundesamtes für Verfassungsschutz für ausländische Dienste werden auch personenbezogene Daten aufgenommen »wenn die Weitergabe zur Erfüllung der Aufgaben des BfV oder des Empfängers erforderlich ist«.

Mit seinem Urteil vom 10. Dezember 1970 hat das Bundesverfassungsgericht die Grundgesetzänderung und das G 10-Gesetz für verfassungsmäßig erklärt. Diese Entscheidung kam nur mit 5 zu 3 Stimmen unter Anfügung einer abweichenden Meinung der drei unterlegenen Richter zustande: »Es bedarf keiner weiteren Erläuterung, daß der Schritt vom verfassungsfremden Zustand der Postkontrolle durch Dienststellen fremder Mächte zu einer verfassungswidrigen Regelung ›keinen Schritt näher an das Grundgesetz heranführt‹... Es ist ein Widerspruch in sich selbst, wenn man zum Schutz der Verfassung unveräußerliche Grundsätze der Verfassung preisgibt.«

Herauszubekommen, wie oft Ersuchen um informationelle Amtshilfe ausländischer Dienste von den Nachrichtendiensten des Bundes bedient wurden, sei eine unerfüllbare Fleißaufgabe, so die Bundesregierung: »Zur zahlenmäßigen Feststellung der in den letzten zehn Jahren gestellten Anfragen wäre daher die Durchsicht einer nicht überschaubaren Anzahl von Unterlagen erforderlich.«

Zu den Methoden der nachrichtendienstlichen Arbeit wollte die Bundesregierung nur in den zuständigen Gremien des Deutschen Bundestages exakt Stellung nehmen. Was Bonn zu den Methoden der Informationsgewinnung befreundeter Nachrichtendienste öffentlich sagte, stellt diese Dienste unter das Niveau von Provinzjournalisten: »z. B. Gespräch mit dem Bürgern auf freiwilliger Basis. Auch eine Informationsgewinnung aus der Lektüre von Zeitungen/Zeitschriften ist hierzu zu rechnen«. Im bayerischen Zirndorf bittet eine sechsköpfige US-

Befragergruppe Asylbewerber aus Osteuropa seit Jahren zum Interview. Über die Freiwilligkeit ihrer Angaben wurden die Aus- und Übersiedler jedoch nie informiert.

Neben militärischem Feind und wirtschaftlichem Konkurrenten bleibt aber der innere Gegner, d. h. wehrfeindliche Bürgerinnen und Bürger, eines der intensivsten Interessenfelder der US-Geheimdienste.

Im Herbst 1988 wurde die Sprecherin der Friedensgruppen in Hanau, Traudl Wahl, von US-Militärpolizei bis vor eine deutsche Polizeiwache verfolgt, weil sie Fotos der Militäranlagen für eine vom Landrat des Main-Kinzig-Kreises unterstützte Broschüre machte. Die US-Soldaten blockierten drei Stunden lang den Zugang zur Polizeiwache, bis sie über Funk erfuhren, daß das Fotografieren genehmigt sei. Der US-Standortkommandant von Hanau versprach in einem anschließenden Gespräch Traudl Wahl, sie geriete trotz der Ablichtung der Militäranlagen im Main-Kinzig-Kreis nicht in den Zentralcomputer in Heidelberg. Der Grund der Nachsicht liegt im Heldenkult der US-Streitkräfte. Die Sprecherin der Hanauer Friedensgruppen war nicht nur selbst bis vor einigen Jahren amerikanische Staatsbürgerin – ihr Vater ruht auf dem Heldenfriedhof der USA in Arlington. Seine Verdienste als Oberst der Army im Koreakrieg hatten ihn dorthin gebracht. Machtlos, aber interessiert zeigte sich der von der Friedenskämpferin eingeschaltete oberste hessische Datenschützer Simitis, der ermitteln sollte, welche Daten die US-Streitkräfte über die Hanauerin gesammelt hatten, bevor sie wußten, wer ihr Vater war. Traudl Wahl lernte bei dieser Gelegenheit auch, daß die amerikanische Militärkripo CID (Criminal Investigation Command) und die US-Militärpolizei zu den Zulieferern von CIR in Heidelberg gehören.

Am 20. September 1989 bedauerte der US-Stadtkommandant von Hanau, Oberst Healy, gegenüber dem Landrat Karl Eyerkaufer, daß bei der Rundfahrt von Kreistagsabgeordneten des Main-Kinzig-Kreises zum Antikriegstag am 1. September der Eindruck einer Observation entstanden sei. Zwei Militärpolizisten seien in einem Zivilfahrzeug den Bussen mit Abgeordneten und Journalisten doch nur mit dem Routineauftrag gefolgt, um im Falle von Vorkommnissen, verursacht von amerikanischer Seite, wie z. B. Überreaktion amerikanischer Wachsoldaten, sofort eingreifen zu können. Daß zum zukünftigen Schutz der beobachteten Parlamentarier dabei Fotos geschossen wurden, bestreitet er. Warum ein zusätzlicher Kleinbus der Military Police den Konvoi begleitete, erklärte er ebensowenig wie den Widerspruch, warum die US-Streitkräfte die Wachen an den Kasernen nicht mit einem üblichen Sicherheitsbefehl auf die unwillkommenen Besucher eingestellt hatten.

Sechs Monate nach dem Vorfall erklärte die Bundesregierung, dem CID werde ein deutsches Kfz-Kennzeichen »zum Schutz gefährdeter Personen, zur Durchführung von Fahndungen oder ähnlichen Maßnahmen« zugeteilt. Warum die Begleitung des Kreisausschusses so etwas Ähnliches wie eine Fahndung sein kann, teilte der Staatsminister im Auswärtigen Amt, Helmut Schäfer, im März 1990 auf eine Kleine Anfrage im Bundestag hin mit: »Militärische Sicherheitsinteressen können auch durch eine ›Besichtigung‹ militärischer Anlagen von außen verletzt werden.«

Das wiederum deutet die Hessische Landesregierung anders: Nicht die Kreisparlamentarier seien observiert worden, sondern US-Soldaten von US-Soldaten. »Da die US-Streitkräfte ihr Fahrzeug zur Sicherung und Beobachtung eigener Mitarbeiter eingesetzt hat, sieht die Landesregierung keinen Handlungsbedarf«, beantwortete Staatskanzleichef Alexander Gauland im Februar 1990 auch sprachlich falsch eine Kleine Anfrage der hessischen Grünen im Landtag.

Auch das US-Verbindungsbüro hat ein waches Auge auf Aktivitäten der westdeutschen Friedensbewegung. Vom Ostermarsch in Zentralhessen berichtet Willy E. Lehninger am 4. Mai 1987, daß in Grebenhain 400 Gewerkschaftler, Grüne und Kommunisten sowie Friedensgruppen aus Grebenau, Birstein und Wächtersbach am vorgeschobenen Versorgungslager der US-Streitkräfte einen »rally point« der Ostermärsche hatten. Die Grüne-Landtagsabgeordnete Gertrud Schilling habe ihr Publikum dort nicht nur abstrakt zu gewaltfreiem Widerstand, zivilem Ungehorsam und Kriegssteuerboykott aufgerufen, sondern ganz konkret zur Zerstörung der Sprengschächte in Hessens Straßen sowie zu Kasernen- und Manöverblockaden aufgefordert.

Weniger aggressiv schätzte der US-Verbindungsoffizier für Hessen in demselben Bericht die Aktivitäten der Sprecherin der Oberurseler Initiative für Frieden und Abrüstung, einer pensionierten Lehrerin aus der SPD, bei der Friedensdemonstration am 17. März 1987 ein:

»Nach Informationen aus nichtoffiziellen Quellen ist die Initiativgruppe eine friedliche Organisation von fünfzig Mitgliedern. Frau W. ist beim 4. Transportation Command wegen ihrer Kritik an der US-Politik gut bekannt. Während der letzten sechs Jahre hat sie zahlreiche Briefe an örtliche Kommandeure mit Kritik am amerikanischen Atomwaffentestprogramm, an in Europa stationierten Raketen, an der Contra-Hilfe etc. geschrieben. Nach früheren Beobachtungen ist sie nicht der Typ von Person, die Gewaltaktionen organisiert oder daran teilnimmt, wie wir sie an anderen Orten in Deutschland erlebt haben.«

Was die nichtoffiziellen Quellen aus Oberursel sind, bleibt in Lehningers Berichten offen. Phil Agee jedoch, in den siebziger Jahren übergelaufener CIA-Agent, lokalisierte im dortigen Camp King eine Geheimdienstschule und Ausrüstungswerkstatt der NSA.

Offizielle Kontakte zu Friedensgruppen lehnen die US-Streitkräfte stets ab. Als die Friedensinitiative Schlangenbad im November 1987 den US-Verbindungsoffizier zu einer Podiumsdiskussion einlud, wich Robert G. Shackleton mit der Behauptung aus, die US-Streitkräfte enthielten sich offener Foren und verwies sie an das bundesdeutsche Verteidigungsministerium. Diese Enthaltsamkeit üben sie jedoch nicht, wenn es um die Beobachtung öffentlicher Veranstaltungen der Friedensbewegung geht. Hermann Maurer, Leiter des Pressebüros der US-Militärgemeinde in Wiesbaden, klagt in seinem Memorandum vom 20. Juli 1989 über die Veranstaltung der Bürgerinitiative »Keine Reaktivierung des Flugplatzes Wiesbaden« zunächst sein Leid. Erst am Tag der Veranstaltung, am 18. Juli 1989, habe das Pressebüro des V. Corps ihn beauftragt, den Termin wahrzunehmen. Da er schon am 16. und am 19. Juli abends dienstlich zu tun hatte, mußte er erst seine Familie überzeugen, daß er auch an diesem Abend als Frontberichterstatter gebraucht würde. Dankbar war er sowohl dem Vorsitzenden der Wiesbadener Bürgerinitiative, Horst Domes, als auch der SPD-Bundestagsabgeordneten Heidemarie Wieczorek-Zeul, die ihn beide kennen, daß sie nicht öffentlich machten, daß ein »U.S. Army spy« im Raum stand. Um nicht weiter aufzufallen, schreibt Maurer, verhielt er sich wie die anderen Besucher, zahlte 5 DM für einen guten Zweck, d. h. die Finanzierung der Bürgerinitiative, und konzentrierte sich auf sein Gedächtnisprotokoll.

Nachrichtendienste aller Nationen ist das Fazit der »Geschichte der Spionage im 20. Jahrhundert« von Phillip Knightley, entwickeln neben ihrer Selbstblockade durch die Konzentration auf die Rivalität mit den anderen Spionageorganisationen und überzogene Verschleierung der eigenen Quellen vor allem den Drang, die eigene Bürokratie auszubauen und ihr Budget von Jahr zu Jahr auszuweiten.

Diesem Expansionsprozeß hätte das Ende des Kalten Krieges für die US-Dienste beinahe ein Ende gesetzt. Doch auch für das Haushaltsjahr 1990 gelang es Mitgliedern des amerikanischen Kongresses nicht, Einsparungen am Etat der US-Geheimdienste von 28 Milliarden US-Dollar durchzusetzen. Die Dienste warteten mit einem neuen Schwerpunkt auf: Um Amerikas führende Rolle im Welthandel zu sichern, soll der Spionageapparat zukünftig vor allem Industriespionage betreiben. Ohne die Wirtschaftsspionage in der Bundesrepublik, verlautbaren die Geheimdienstler unter der Hand, wäre es schließlich nicht gelungen, der ungehemmten Exportpraxis westdeutscher Krämerseelen bei der Ausfuhr von Technologie und Know-how für libysche Giftgasprojekte auf die Schliche zu kommen.

Kritiker äußern zwar Bedenken, daß mit diesen »sowjetischen Methoden« technologische Rückstände gegenüber Japan und europäischen Staaten auf einzelnen Gebieten eingeholt werden können, aber ihre eigentlichen Befürchtungen lauten, daß diese gegen die wichtigsten amerikanischen Allianzpartner gerichteten Aktionen den politischen und wirtschaftlichen Konkurrenzkampf innerhalb der westlichen Industriestaaten verschärfen könnten. Ein Regierungsbeamter in Washington brachte dies auf die Formel: »Dies ist einfach nicht unser Stil.« Doch darin irrt er.

Das Fernsehmagazin MONITOR berichtete im Herbst 1989, wie mit simpler Abhörtechnik aus entsprechend ausgerüsteten Autos alles mitgeschnitten werden kann, was auf den Bildschirmen von Personalcomputern in benachbarten Gebäuden erscheint. Am nächsten Tag brach über die Firma Siemens eine Welle von Anfragen herein. Kunden aus Industrie und Bankbereich wollten wissen, ob auch aus ihren Datenströmen alles gefischt werden kann. Der Hauptlieferant sensibler Kommunikationssysteme und Computer, der Großbanken und Bundeskriminalamt gleichermaßen bedient, mußte einräumen, daß dies möglich ist, eine Schutztechnik jedoch könne man nicht anbieten.

Dabei zählt die entsprechende TEMPEST-Schutztechnik zu den Spitzenprodukten des Hauses Siemens. Nur: an zivile Kunden darf sie nicht ausgeliefert werden. In der NATO diktierte die NSA dieses Verbot für zivile Bereiche, Schutztechniken anzuwenden, und hielt sich so das Tor zu den Datenströmen von Firmen, Banken und Behörden in der westlichen Welt offen. Nur den eigenen Forschungsbereich hat Siemens dennoch mit der TEMPEST-Technik geschützt und kontert Angriffe auf diese Selbstverteidigung geschickt mit der Frage, wer denn wie festgestellt haben wolle, daß der High-Tech-Konzern nicht auszuspionieren sei.

Nachdenken über Deutschland ...

in der Sammlung Luchterhand

»Uns ist eine Besinnungspause nicht vergönnt, aus einem extremen seelischen Ausnahmezustand müssen wir über eine Zukunft befinden, die wir gar nicht bedenken konnten.«
Christa Wolf

Christa Wolf
Angepaßt oder mündig?
Briefe an Christa Wolf im Herbst 1989
SL 926
Erfahrungsberichte von Eltern, Lehrern und Schülern über das Bildungssystem der DDR.
Das Dokument einer jahrzehntelangen Entmündigung.

Im Dialog
Aktuelle Texte
SL 923
Reden, Briefe, Aufrufe und Gespräche – Stationen der aktuellen Ereignisse 1989/90.

Günter Grass
Deutscher Lastenausgleich
Wider das dumpfe Einheitsgebot
SL 921
Reden, Gespräche, Interviews von Günter Grass, der sich wie kein anderer seit den sechziger Jahren ebenso eindringlich wie entschieden zur Frage der »Wiedervereinigung« geäußert hat.

Schreiben nach Auschwitz
Frankfurter Poetik-Vorlesung
SL 925
Die Grass-Rede, gehalten im Februar 1990 an der Universität Frankfurt und in der Deutschen Staatsoper, Berlin/DDR.

Berlin halb und halb
Von Frontstädtern, Grenzgängern und Mauerspechten
Berichte und Bilder
Von Sylvia Conradt und Kirsten Heckmann-Janz
SL 922

Mein Deutschland findet sich in keinem Atlas
Schriftsteller über ihr nationales Selbstverständnis
Herausgegeben von Françoise Barthélemy und Lutz Winckler
SL 893
»Deutschland – ein Wort aus dem Geschichtsatlas ...«
Helga Schütz und andere Autoren aus Ost und West zum Thema Deutschland.

»Nichts wird mehr so sein, wie es war«
Zur Zukunft der beiden deutschen Republiken
Herausgegeben von Frank Blohm und Wolfgang Herzberg
SL 924
Texte über das »Wie« einer deutschen Einheit. Eine grenzüberschreitende Diskussion.